A ARTE DA APRESENTAÇÃO VENCEDORA

PATSY RODENBURG

A ARTE DA APRESENTAÇÃO VENCEDORA

Técnicas de formação de atores
para impulsionar sua carreira

Tradução
Bruno Casotti

1ª edição

best
business

Rio de Janeiro | 2014

CIP-BRASIL. CATALOGAÇÃO NA PUBLICAÇÃO
SINDICATO NACIONAL DOS EDITORES DE LIVROS, RJ

R593a
Rodenburg, Patsy
  A arte da apresentação vencedora / Patsy Rodenburg; tradução: Bruno Casotti. – 1. ed. – Rio de Janeiro: Best*Seller*, 2014.
  il.

  Tradução de: Power presentation
  ISBN 978-85-7684-498-3

  1. Vendas. 2. Administração comercial. 3. Logística. 4. Varejo. 5. Estratégia de marketing. I. Título.

14-13056
CDD: 658.85
CDU: 658.85

Texto revisado segundo o novo Acordo Ortográfico da Língua Portuguesa.

Título original
POWER PRESENTATION
Copyright © 2009 by Patsy Rodenburg
Copyright da tradução © 2014 by Editora Best Seller Ltda.

Publicado originalmente na Grã-Bretanha, na língua inglesa, por Penguin Book Ltd.

O direito moral da autora foi assegurado.

Capa: Guilherme Peres
Editoração eletrônica: Abreu's System

Todos os direitos reservados. Proibida a reprodução, no todo ou em parte, sem autorização prévia por escrito da editora, sejam quais forem os meios empregados.

Direitos exclusivos de publicação em língua portuguesa para o Brasil adquiridos pela
Editora Best Seller Ltda.
Rua Argentina, 171, parte, São Cristóvão
Rio de Janeiro, RJ – 20921-380
que se reserva a propriedade literária desta tradução

Impresso no Brasil

ISBN 978-85-7684-498-3

Seja um leitor preferencial Record.
Cadastre-se e receba informações sobre nossos lançamentos e nossas promoções.

Atendimento e venda direta ao leitor
mdireto@record.com.br ou (21) 2585-2002

Agradecimentos

Obrigado a Kate Adams, Louise Bakker, Arabella Stein, Debbie Hatfield, Antonia Franceschi e a todos os estudantes da Guildhall School of Music and Drama.

A Max Rodenburg, meu pai, com amor

Sumário

Introdução   11

Parte 1
Preparando-se para a apresentação vencedora

1 Os três círculos de energia da apresentação vencedora   17
2 As ferramentas do negócio   23
     Corpo   24
     Respiração   51
     Energia da respiração   62
     Voz   71
     Fala   99
     Estrutura   121
     Ouvir   131
3 Desafios   135
     Estresse e medo   135
     Seu ego   144
     Considerações cosméticas   146
     Tecnologia   149

Parte 2
A apresentação vencedora na prática

1	Apresentações	159
2	Reuniões	186
3	Negociações	199
4	Vendas	204
5	Entrevistas	209
6	Boas e más notícias	213

Conclusão 217
Lista de pontos 221

Introdução

Na manhã de 5 de novembro, quarta-feira, um dia depois da eleição presidencial nos Estados Unidos, eu estava exultante ao chegar à Guildhall School of Music and Drama para lecionar, embora não tivesse dormido nem um pouco. Inevitavelmente, meus alunos queriam conversar sobre o importante acontecimento que estavam testemunhando e, como sou professora de voz e comunicação, naturalmente falamos sobre o discurso e a apresentação de Barack Obama.

Eu estava com os alunos do primeiro ano, todos com idades entre 18 e 24 anos e, enquanto eles falavam, percebi — em retrospecto — algo completamente óbvio: a maioria nunca tinha ouvido um político falar como Barack Obama. Ou seja, um líder mundial falando com *clareza, dignidade, foco, paixão, humanidade* e *autenticidade.* Um homem preparado para cuidar de toda a sua apresentação e o seu conteúdo. Um homem desejando que suas palavras fossem inspiradoras e instigantes.

Meus jovens alunos não haviam ouvido Mandela — haviam suportado políticos que faziam rodeios para esconder a verdade e que usavam sorrisos forçados e deboches como estilo de apresentação. Só haviam conhecido a atitude casual e cínica na comunicação; a atitude que supõe que o público não é igual ao apresentador e pode ser enganado.

Naquela manhã, tive realmente esperanças de que aqueles estudantes houvessem começado a aprender o poder das palavras e o poder da presença.

Este livro vai dar poder e presença ao seu discurso. Você perceberá que, mesmo que não se veja como um líder, no momento em que se apresenta, em qualquer contexto, você *está* liderando e precisa ter poder e autoridade. Na filosofia moral clássica, poder e liderança são discutidos com rigor. De maneira bem simples, se você tem poder, precisa usá-lo para o bem geral, e com responsabilidade. Mas — e aqui está o paradoxo — você *tem de* usá-lo. Em sua maioria, os comunicadores que fracassam não percebem que têm poder e que este poder tem um impacto em tudo à sua volta. Seu papel é liderar ao comunicar, e você fracassará se não fizer isso com presença.

Podemos dizer que por ter escolhido este livro, você provavelmente sabe ou acredita que, de algum modo, está lhe faltando capacidade de comunicar. Pode ser que você tenha medo ou mesmo terror de falar em público ou deteste sua voz. Talvez sua apresentação tenha sido criticada, ou tenham zombado de você, ou simplesmente você queira melhorar. Em se tratando de comunicação, você não é tão bem-sucedido quanto sua mente e seu coração querem e sabem que você pode ser. Em outras palavras, você sabe que é muito mais interessante do que parece!

Tenho passado minha vida trabalhando com voz, linguagem e expressão eficiente. É minha paixão, e só iniciei essa jornada por causa de meus próprios temores e dificuldades para me comunicar. Entendo a dor e o sofrimento que você sente quando sua comunicação falha e respeito a luta que enfrenta ao tentar melhorar sua voz e seu impacto verbal no mundo.

Porém, logo perceberá que pretendo ser direta e sincera, já que este livro é para aqueles que realmente querem trabalhar e melhorar sua apresentação.

Esse trabalho exigirá prática e honestidade, e para ser um comunicador e apresentador melhor, você terá que liberar seu poder, sua atenção e sua presença. Terá que aceitar certas verdades.

Qualquer comunicação que tenha importância para você ou para seu ouvinte nunca pode ser casual ou despreparada.

A comunicação é pessoal — de ser humano para ser humano — e acontece em sua melhor forma quando há humanidade no orador.

A boa comunicação, assim como a conquista em qualquer campo, exige trabalho duro, empenho e preparação.

Muito antes de inspirar o ar e abrir a boca para falar, mesmo quando entra numa sala ou se levanta para começar a fazer seu discurso, as pessoas à sua volta já decidiram se vão lhe dar ouvidos e lhe respeitar.

- O quanto você parece confortável?
- Ninguém consegue ouvir uma voz entediante por mais que alguns minutos.
- Ninguém quer nem gosta de ouvir uma voz forçada ou agressiva.
- O esforço extremo exigido para se ouvir uma voz enrolada é frustrante, e, embora a voz bonita possa cativar, de nada adianta esse estímulo se ouvimos a beleza da voz, mas não as palavras que estão sendo faladas.
- Ninguém confia em arrogância, protelação ou desculpas.
- Ninguém quer ouvir uma pessoa inquieta ou tão tensa fisicamente que nem consegue se mover. As duas situações nos exasperam.
- Ninguém gosta de pessoas que querem agradar, e tampouco aqueles oradores que tem uma atitude "dane-se tudo" nos divertem ao dispensarem sua boa-vontade.
- Se você falar correndo, não conseguimos acompanhá-lo. Se falar devagar demais, tomaremos isso como uma ofensa, porque a conclusão a que chegaremos é que você pensa que somos estúpidos.
- Não queremos falsidade — seja falso poder, falso charme ou falso entusiasmo.

- Queremos a verdade e queremos sua atenção plena.

- Queremos que assuma total responsabilidade pelo que diz e mantenha isso.

Queremos você presente. Para um orador, a presença é o começo e o fim de toda comunicação boa e poderosa.

Essa presença, que é uma energia real e palpável, transforma tudo em volta de si. Quando você comunica com sua presença plena, suas palavras ganham vida, inspiram, provocam e convencem.

Parte 1

Preparando-se para a apresentação vencedora

1 Os três círculos de energia da apresentação vencedora

A chave para a apresentação vencedora é a energia humana e como maximizar e usar sua energia presente. Há mais de trinta anos, idealizei os três círculos de energia como uma descrição clara de como a energia humana funciona.

O primeiro círculo é uma energia humana conectada a si própria. Nele, você está preocupado consigo mesmo. Está provavelmente no passado, numa posição de receber e de ser incapaz de dar.

O terceiro círculo é uma energia generalizada que vem de você e explode no mundo de maneira inespecífica. É uma energia de força e controle. É do futuro. É dar, e não receber. Em suas piores manifestações, significa que as pessoas se sentem como objetos, e não como indivíduos.

Quando você está presente, está no segundo círculo. Sua energia está conectada a um ponto específico fora de você. É uma posição de dar e de receber. Você está conectado consigo mesmo e com o mundo à sua volta. Seu público não é uma massa geral, é formado por indivíduos, e há uma troca de energia entre vocês. A energia do segundo círculo é íntima e épica. É a energia da sobrevivência e da compaixão. É forte, mas não forçada. Trabalhando ao longo deste livro, você aprenderá a apreciar e a entender esses paradoxos — e a aproveitá-los! Todas essas energias se manifestam em seu corpo, sua respiração, sua voz, sua fala, sua mente, seu coração e seus ouvidos. Elas são contagiantes e transformarão sua capacidade de comunicar efetivamente em todas as situações.

Esta não será uma viagem estranha, mágica, misteriosa, mas uma reconexão com seu conhecimento e com sua experiência, que você poderá utilizar e controlar para ser mais poderoso e eficiente. Qualquer momento de curiosidade e interesse reais conecta você à sua presença. Qualquer situação de sobrevivência coloca você em sua presença. Quando está completamente conectado a algo externo — seja em contato visual com um estranho em uma sala lotada ou com uma bela pintura —, você está presente. Um som desconhecido em casa à noite, ou a conexão impressionante que encontra numa boa música o colocam numa presença de ouvinte. Você aprenderá a canalizar pragmaticamente sua presença plena e, consequentemente, seu poder pleno.

Os três círculos de energia transformarão sua capacidade de se comunicar efetivamente em todas as situações e, com treino, a energia do segundo círculo se tornará orgânica e constantemente acessível, mesmo num momento em que a presença humana esteja ameaçada.

Antes de começarmos a trabalhar de verdade no segundo círculo, vamos examinar as energias de apresentação do primeiro e terceiro círculos.

Apresentação no primeiro círculo

A energia do primeiro círculo é quando você foca a energia em si mesmo. Seu principal ponto de concentração é interno. Essa energia é reflexiva e, para o mundo externo, você parece escondido ou ausente.

Os sinais físicos da energia do primeiro círculo incluem uma queda geral ou depressão em sua presença física. Você pode caminhar arrastando os pés, se atrapalhar, ou ficar inquieto. Você pode estar cabisbaixo, o que resulta em muito pouco contato visual com o público. Frequentemente, parece que você está mais interessado no chão do que no espaço à sua volta. Os ombros podem ficar curvados e a parte superior do peito afundada, curvando a coluna. No primeiro círculo, os pés, muitas vezes, ficam juntos demais, os joelhos estendidos e o peso cai sobre os calcanhares.

Essas tensões comunicam negativamente ao seu público muito antes de você abrir a boca, e a comunicação será ineficiente, pois você parecerá fraco, inseguro e, portanto, incapaz de inspirar confiança. Sua respiração e sua voz estarão afetadas e vão minar ainda mais seu poder enquanto a reação em cadeia continuar. A voz do primeiro círculo mal pode ser ouvida. Pode soar tensa ou sussurrada, e a energia vocal volta-se para o orador, em vez de atingir o público. Isso dá às palavras uma característica de resmungadas ou engolidas, e as frases vão descendo e caindo no chão. Essa voz frequentemente soa pessimista, cansada ou entediada, e faz você se sentir mais constrangido. Não é possível ser um bom ouvinte no primeiro círculo. Sua energia vai implodindo e o fecha numa bolha, de modo que você fica isolado e muitas vezes se afasta do assunto ou perde o rumo e interpreta mal a conversa.

Desde o momento em que se encaminha para falar, você está sinalizando: "Eu não queria estar aqui, não acredito no que estou dizendo, não me importo com meu material, não me importo com vocês, nada importa." É muito provável que você não sinta essas coisas nem pense nelas, mas é isso que acontece.

Há uma crença de que microfones salvam o orador do primeiro círculo. Errado.

O microfone apenas amplifica o que está ali. Se você está resmungando, apenas ouvimos um resmungo mais alto. Muitos oradores do primeiro círculo têm sido levados a acreditar que sua postura de baixa autoestima e seu nervosismo serão escondidos por recursos visuais fantásticos. Se é este o caso, então por que estar ali? Passe um filme em vez de fazer o discurso! Se você está ali, tem que *estar* ali.

Apresentação no terceiro círculo

É normal que oradores do primeiro círculo percebam rapidamente que seus hábitos de energia são completamente ineficientes em qualquer comunicação importante. É mais provável que o comunicador do primeiro círculo habitual busque ajuda ou pare de se apresentar e encontre outro caminho para o poder, sendo completamente brilhante em alguns temas ou disciplinas específicos. Isso não acontece tanto com os apresentadores do terceiro círculo, para os quais há uma armadilha fácil de cair quando estão falando. A armadilha é que, num nível superficial, uma apresentação no terceiro círculo pode ser eficiente. Pode controlar o público e injetar uma energia generalizada na sala. Porém, raramente inspira ou faz o público acreditar que tem alguma importância. Porque o orador do terceiro círculo solta sua energia sem qualquer foco específico e, embora ela possa ser entusiástica, agressiva ou envolvente, não leva o ouvinte a refletir e, portanto, é controladora.

Se a energia do primeiro círculo é uma posição de negação, a do terceiro círculo é uma posição de blefe. Esse blefe pode ser visto no corpo dos oradores do terceiro círculo. O queixo pode estar erguido, dando a impressão de que estamos sendo olhados de cima, ou a cabeça projetada para frente, penetrando exageradamente em nosso espaço. A mandíbula geralmente está contraída, em expectativa. Quando a pessoa está de pé, seus pés estão frequentemente afastados, e seu modo de andar é firme e barulhento demais. O corpo do terceiro círculo pode invadir o espaço dos outros — invasores de espaço não cedem nem recuam para outro corpo, parecem ocupar espaço demais. Essa tensão física cria um escudo que os deixa insensíveis em relação aos outros.

Uma voz do terceiro círculo geralmente é forçada e alta. Sempre conseguimos ouvir o orador do terceiro círculo, mas raramente escutá-lo. Ele não nos escuta — às vezes escuta, sim, a si próprio — e, por isso, um dos hábitos mais comuns do terceiro círculo é nos interromper ou gritar para nos calarmos. Ele não quer nossa opinião, a não ser que seja igual à dele.

Você pode ter notado que não me dirigi a você como um orador do terceiro círculo. Os atributos negativos deste círculo são rudes e, embora eu queira que você reconheça quando entra nessa energia, não quero que culpe a si mesmo. O importante é perceber que esse tipo de apresentação o leva até o fim, mas não prende o público nem causa um impacto positivo. É um conserto rápido que a longo prazo não funciona.

Apresentação no segundo círculo

Quando você tem sorte o bastante para experimentar uma apresentação ou reunião no segundo círculo, encontra algumas das seguintes qualidades, ou mesmo todas elas:

- O orador tem corpo e expressão energizados, mas abertos.
- Você sente que tem importância como ouvinte e, por meio de contato visual com o orador, sente-se conectado à apresentação.
- Você sente que estão falando "com" você, e não "para" você.
- A voz é aberta e clara, não é forçada nem afasta o público.
- Você não tem que se esforçar para ouvir, escuta com facilidade.
- O orador tem energia e paixão, mas essa energia parece eficiente e sem esforço.
- Você não teme o orador, porque a sua presença lhe dá a segurança consciente de que ele sabe o que está fazendo.
- Há autenticidade e humanidade na presença do orador e, mesmo que mil pessoas estejam presentes, ele está falando só para você.

Essas qualidades são comunicadas porque o orador focou sua energia em você. Não há foco nele próprio nem uma liberação geral de energia disseminada. O foco está em pontos específicos fora dele – essa energia é dada a esses pontos e recebida deles.

Forma e conteúdo

Um comunicador bom e inspirador está presente e em contato, no segundo círculo, com a forma e o conteúdo de sua apresentação. Discutiremos e trabalharemos as duas coisas, mas, no início dessa jornada, você deve avaliar aquilo em que é bom.

Forma é como você se apresenta por meio de seu corpo, sua voz e sua fala, e, se está no segundo círculo, você se comunica fisicamente muito bem. Porém, você pode estar treinado em forma e não ter conexão ou presença alguma com o conteúdo.

Em outras palavras, você pode parecer bom, mas na verdade não estar dizendo nada. Em certas educações, isso é ensinado extremamente bem: um vazio bem-apresentado.

Ou você pode ter um ótimo conteúdo e um bom conhecimento no segundo círculo, mas ter dificuldade para dar forma a isso por meio de atos físicos de comunicação.

Tenho que dizer que, se seu conteúdo é bom, mas sua forma é ruim, você provavelmente tem sido ignorado de forma frustrante e tem se irritado com o sucesso de apresentadores vazios.

Talvez isso seja um sinal dos tempos, mas percebo cada vez mais que os oradores vazios estão decaindo e fracassando, enquanto aqueles que têm conteúdo estão tomando a frente como líderes.

Vamos utilizar tanto a forma quanto o conteúdo na apresentação poderosa.

2 As ferramentas do negócio

A grande maioria de nós nasceu com um corpo eficiente e alinhado, uma voz maravilhosa, músculos da fala excelentes, um sistema respiratório pleno e livre, e ouvidos que podem ouvir clara e precisamente. Estas são as suas ferramentas de negócio quando se trata da apresentação vencedora, mas frequentemente estão enferrujadas pelos maus hábitos. É hora de se livrar dos maus hábitos e voltar ao estado original que lhe dá poder. Lembre-se:

- Cada parte de seu corpo, sua respiração, sua voz, sua fala e sua capacidade de ouvir comunicam informações ao público, consciente ou inconscientemente. Se você se sente preso em seu corpo ou sua voz, sua mensagem ficará presa.

- Se seu corpo está tenso, sua respiração e sua voz também serão tensas. Uma voz tensa contrai os sons e generaliza os significados. Todos nós conseguimos ouvir uma voz forçada, mas não conseguimos distinguir bem as palavras.

- Se você não consegue respirar plenamente, então não consegue falar, sentir ou pensar plenamente.

Se não estiver completamente presente e não se interessar pelo que está dizendo, seu corpo, sua respiração, sua voz, sua fala e sua capacidade auditiva não trabalharão juntos e não poderão causar um impacto no mundo. Todos já vimos corpos belamente posicionados e já ouvimos vozes ressoantes, mas se esses corpos e vozes não estão presentes e se o ser humano que há neles não está realmente *ali*, não vamos nos interessar.

CORPO

Antes de ser deformado e distorcido pela vida, seu corpo natural é uma materialização incrivelmente alinhada, poderosa e eficiente de você e de sua presença. Veja uma criança pequena ativa, com curiosidade e imaginação. Em pé ou sentada, ela tem uma postura naturalmente boa, ombros relaxados, cabeça equilibrada, pés no chão e seu ser inteiro focado na frente e num ponto de concentração. Seu corpo não tem qualquer tensão inútil.

Você começou assim.

Você tem uma lembrança de estar em seu corpo de forma completa e inconsciente, e precisa escavar e redescobrir isso. Algo e alguém tiraram esse corpo de você — um comentário, uma necessidade de agradar ou de não ser notado em uma sala levaram você a distorcer exatamente aquilo que o abriga.

Depois de um bom esforço físico, ao ponto de satisfação (antes da exaustão!), seu corpo fica presente. Remar, surfar, andar de skate, praticar windsurf, escalar pedras, fazer caminhadas ágeis em terrenos acidentados, praticar artes marciais, tudo isso põe você num alinhamento eficiente. Na verdade, qualquer atividade que só pode ser realizada ignorando-se os inúteis pontos de tensão leva nossos corpos porcamente utilizados e decadentes de volta à sua presença natural.

Se você já enfrentou perigos e os superou, em vez de desmoronar, deve se lembrar de como todas as tensões inúteis saíram de seu corpo, permitindo que você ficasse totalmente presente e, consequentemente, sobrevivesse.

Comece a observar atividades que põem você em seu corpo. É o corpo do segundo círculo, presente e poderoso, que você precisa levar para todas as reuniões e comunicações importantes.

Onde você está agora?

Você tem flashes da presença em seu corpo, mas onde você está agora?

Você vive principalmente em um corpo de primeiro ou de terceiro círculo?

Reúna suas fotografias mais recentes. Encontre algumas em que você posou, outras que foram tiradas inesperadamente e inclua algumas imagens de seu corpo de perfil e de costas. Tente encontrar fotos em que você não estava usando roupas pesadas e que não escondam muito o corpo. Fique de pé e se olhe em um espelho de corpo inteiro. Até mesmo deter-se diante de uma vitrine que reflete seu corpo será bastante informativo.

Quando se olhar em fotos e espelhos, começará a reunir uma mina de ouro de informações que mudarão a sua pessoa, o mundo à sua volta e cada ato de comunicação seu de agora em diante.

- A partir do alto de seu corpo, comece a perceber onde e como costuma manter a cabeça. Você a puxa para trás com o queixo no ar ou a empurra para frente, projetando-a para fora (terceiro círculo)? Você olha para baixo e fica difícil ver seus olhos, ou vira a cabeça para um lado (primeiro círculo)? Sua cabeça está muito pesada e todas essas posições prejudicam seu pescoço e sua coluna e afetam sua voz. Do ponto de vista do público, as posições de cabeça no terceiro círculo indicam superioridade ou determinação acentuada, se não agressão. As posições de cabeça no primeiro círculo indicam timidez, posição de vítima ou submissão.

- Quando estão caídos, seus ombros podem destruir sua capacidade de ser eficiente — e não estou exagerando. Os ombros devem pender naturalmente, sem distorção, sem ficarem presos ou posicionados. Somos feitos para balançar! Você não pode balançar se seus ombros estão presos ou posicionados. Qualquer tensão nos ombros tem um impacto direto sobre sua capacidade de respirar, de produzir uma voz ou de falar livremente. Acredito que essa tensão seja tão forte, que quando a vemos em outra pessoa, nossos ombros se erguem ou ficam tensos juntamente como os do orador. Ao longo dos anos, coloquei centenas de artistas no palco e posso dizer a você que se eles não conseguem relaxar os ombros, não há esperança de que consigam lidar com seus medos. É crucial lidar com as tensões no ombro. Os ombros do primeiro círculo se erguem ou se curvam para dentro. No terceiro círculo, são puxados para trás ou forçados para baixo.

- Ainda em relação aos ombros, observe mais especificamente seu peito, particularmente o esterno, aquele osso chapado que protege seu coração. Quando os ombros estão no primeiro círculo, seu peito cai. Ficando de lado, você consegue ver que ele está afundado, e de costas você fica curvado. Portanto, a rigor, você está escondido e é isso que seu público vê. Com ombros em postura de terceiro círculo, seu esterno fica elevado e empurra seu peito para o mundo. De lado, você está içado para o espaço por meio do esterno, e por trás suas costas estão trancadas em torno do centro. Esse peito preso e içado pode lhe parecer forte, mas na verdade está enfraquecendo sua respiração e sua coluna. Você está defendendo seu coração, e seu público acha que você é inalcançável. Essa posição é o contrário de estar aberto e vulnerável — duas qualidades essenciais ao dar e receber do estar presente e ao diálogo da vida. Você pode parecer forte, mas não poderoso. O poder tem vulnerabilidade e sensibilidade! Sem essas qualidades, você é perigoso para os outros e para si mesmo.

    A posição do esterno está ligada ao estado de sua coluna. Há muitos anos, conheci um osteopata genial, que trabalhara com o grande Alexander. Ele me disse simplesmente: "Patsy, quando sua coluna vai embora, você envelhece." Você pode fazer todas as operações plásticas que quiser, mas se sua coluna não estiver no lugar e forte, você envelhecerá rapidamente. Hoje, vejo jovens com colunas de aposentados. O posicionamento não natural da cabeça e tensões nos ombros e no esterno contribuem para dores nas costas debilitantes. Porém, mais diretamente, se sua coluna está caída ou é sustentada com rigidez excessiva, o centro de seu corpo e seu ser desmorona. Você não consegue estar em seu corpo e respirar de forma plena.

Como consequência, para o mundo, você é um fracote.

- Olhe para sua coluna. Está caída? A queda de uma coluna pode ser vista pela frente em torno do centro de seu corpo, empurrando a barriga para fora e abaixando a cabeça. De lado, as costas ficam arredondas para dentro e os ombros se curvam. De costas, você parece uma bola. Esta postura física grita "fraco" ao mundo. É clássica postura de vítima do primeiro círculo.

  Sua coluna está rígida demais, mantida no lugar sem qualquer flexibilidade? Muitos de nós fomos ensinados a nos sentarmos retos e puxar os ombros para trás para corrigir a postura de adolescente. Embora a coluna pareça forte quando sustentada dessa maneira, sua falta de flexibilidade contrai o pescoço, a mandíbula, os ombros, a parte superior do peito e os músculos do estômago. Sem liberdade na coluna, você também é um fracote. Fique preso nessa posição e você poderá ser derrubado com um empurrão. Nesta postura do terceiro círculo, a fraqueza está na falta de flexibilidade. Essa é uma postura forçada, e não poderosa. Se você se apresenta com essa coluna, a falta de maleabilidade nela comunica uma certeza que beira a teimosia. Para pessoas que são facilmente intimidadas, é uma característica de quem não pode ser desafiado, mas para pessoas que gostam de desafios, indica um ataque. A falta de maleabilidade nesse tipo de coluna pode até fazer com que você pareça uma pessoa intimidadora ou intolerante a transformações. Uma árvore com esse tipo de rigidez não sobrevive a uma tempestade.

- Agora olhe para a região abdominal, o estômago e toda a região pélvica. Quando você se afasta demais de sua cabeça e de onde sua voz é produzida — a laringe, no pescoço — é fácil achar que essas áreas não têm importância para sua capacidade de se apresentar, principalmente se você faz a maior parte de seu trabalho sentado. Essa suposição advém diretamente de uma sociedade que se esqueceu de que não somos cabeças sobre varas, mas sim seres físicos que precisam respirar e sentir plenamente para poder pensar e viver de forma completa.

Outras questões complexas em torno dessa área abdominal estão ligadas à vaidade e ao sexo. Prender o estômago é um recurso que a maioria de nós já usou para parecer mais magro, e mexer ou projetar a região pélvica são hábitos usados para demonstrar interesse sexual.

Todo o poder do sistema respiratório humano está armazenado nessa região. Pode-se até dizer que todo o poder humano está centralizado ali. Posso provar que os músculos abdominais que sustentam a respiração permitem a plena liberação da voz. Não posso provar, mas tenho uma forte suspeita de que todos os nossos sentimentos profundos se alojam ali. Ali vive seu eu autêntico, e ali é produzida sua verdadeira voz.

Prender ou distorcer a região abdominal impede seriamente sua capacidade de falar em sua plenitude — particularmente para grandes grupos de pessoas — e bloqueia suas conexões emocionais durante a fala. Você não consegue ser entusiasmado. Não consegue sentir plenamente e, portanto, seu público não pode sentir você ou o que você diz. Você não tem poder algum e está desconectado de sua presença.

Observe sua região abdominal. Se consegue ver que a prende, conseguirá também senti-la. Conforme discutimos, tudo no corpo está interconectado. Portanto, se sua coluna está caída, o estômago está espremido para fora. Se tem esse hábito, pode parecer apropriado apertar a barriga para dentro, para diminuí-la, em vez de reposicionar sua coluna.

Você empurra sua região pélvica para frente? Essa posição pode ser melhor identificada se olhando de lado. O efeito de projetar a pélvis é, na verdade, fazer a parte superior do corpo se inclinar para trás. Você também notará que é preciso manter sua cabeça pesada no lugar por músculos do pescoço provavelmente bastante esticados — uma causa real de dores no pescoço e na cabeça.

Pessoas que prendem o estômago e projetam a pelve para frente têm corpos tanto do primeiro quanto do terceiro círculo. No primeiro, esses atos visam diminuir o poder. No terceiro, são uma tentativa de forçar a presença e, na pior das hipóteses, podem parecer uma maneira de se exibir ou uma demonstração de interesse sexual.

Qualquer que seja o motivo, quando você entra em uma sala, essas posturas comunicam um constrangimento — projetar a pelve é puxar suas costas, de modo que seu corpo parece mostrar que você não quer estar ali. Essas tensões podem ser tão extremas, que parece realmente que você está se movendo para trás, embora esteja andando para frente. Isso comunica claramente: "Não quero entrar nesse espaço."

- A próxima região do corpo está em três partes: pernas, joelhos e pés. Nos últimos anos, eu e muitas outras pessoas que trabalham com corpo temos notado uma desconexão alarmante em pernas e pés. Isso acontece em parte porque somos muito sedentários e, quando caminhamos, frequentemente o fazemos sobre superfícies planas e duras que trituram o corpo, e não nos terrenos acidentados que permitiram a evolução de nossas pernas, joelhos e pés. Tenho notado cada vez mais um efeito "tela dividida" em corpos mais jovens. Ou seja, a parte superior do corpo pode estar engajada, mas a parte inferior está definhando e se arrastando.

Para ser forte, presente e engajado, você tem que ficar em pé de forma plena sobre suas pernas e com os pés no chão. Mesmo ao se sentar, precisa manter os pés no chão. Na próxima vez que vir uma pessoa inquieta, oscilando e se mexendo à sua frente, olhe para os pés dela. Eles não vão estar firmes no chão. Todos nós precisamos de terra sob nossos corpos e isso acontece por meio dos pés, das panturrilhas, dos joelhos e das coxas, até os quadris.

Olhe para suas pernas, joelhos e pés. Você consegue sentir suas pernas? Consegue sentir seus pés no chão? Se não consegue, eles têm estado tão mal posicionados que são quase supérfluos. Quando você fica em pé, os pés se fecham (primeiro círculo)? Se ficam abertos — além dos limites de seus quadris — então você está ocupando mais espaço do que precisa e do que é eficiente para você (terceiro círculo).

Seus joelhos estão trancados atrás? Os muitos efeitos e tensões dos joelhos trancados incluem músculos abdominais apertados, respiração obstruída, enrijecimento da coluna e tensão no pescoço e na laringe. Há evidências de que muitas cirurgias de joelho estão relacionadas a joelhos estendidos por trás. É claro que os joelhos não foram feitos para ficarem presos assim; você não consegue andar, correr ou se mover sobre qualquer terreno natural com joelhos estendidos.

Assim que você tranca os joelhos, todo o corpo fica preso e não há possibilidade alguma de uma reação rápida ou fluida através de seu ser, seja física, emocional ou intelectual. Em geral, pessoas que tremem visivelmente ao se apresentarem em público estendem os joelhos, que bloqueiam o medo e o estresse no corpo, até a pressão criada irromper, manifestando-se em tremores. É o mesmo princípio de construir prédios flexíveis em zonas de terremoto. Se não tem flexibilidade, o prédio desaba! Prender os joelhos pode efetivamente retroceder o corpo ao primeiro círculo ou ser uma tentativa de permanecer firme no terceiro.

Ao examinar seus joelhos, dê uma boa olhada nas coxas, porque há pistas sutis ali. Coxas agarradas umas às outras indicam um corpo do primeiro círculo. Essa condição fecha toda a parte inferior do corpo e impede que a respiração chegue aos músculos de sustentação inferiores. Se as coxas estão viradas para fora, podem indicar disponibilidade e força, mas, assim como a maioria dos hábitos do terceiro círculo, estão enfraquecendo-o, já que não está plenamente em pé sobre suas pernas. Observe também que os joelhos e as coxas estão ligados à flexibilidade dos quadris. Suavize-os, e as pernas se sentirão melhor.

Agora olhe realmente e sinta onde seus pés estão. Só vou cantar pela metade uma ária favorita de muitos especialistas em corpo, mas neste momento você deve ouvir um trecho dela. Milhares e milhares de corpos são arruinados por sapatos que calçam mal ou que têm estilo, mas destroem o alinhamento natural do corpo. Isso começa na infância e, suponho, atingiu seu auge na prática chinesa de enfaixar os pés. Se você não consegue fugir com seus sapatos nos pés, está demonstrando a síntese da falta de poder. Devo dizer também que muitos tênis são concebidos para correr, e não para ficar em pé parado, porque quando você fica nesta posição, eles podem puxar todo o seu corpo para trás, para uma posição do terceiro círculo.

Tenha certeza de que quando você aprender sobre seu corpo e sobre como ele deve funcionar, poderá calçar os sapatos que quiser e, embora estar presente em seu corpo no segundo círculo vá exigir um pouco mais de concentração e compensações físicas, você será capaz de se apresentar com sapatos que estão na última moda.

Chega de moda. Tire os sapatos. Levante-se e olhe para seus pés.

Você está se apoiando mais em um dos pés? Está se apoiando nos calcanhares ou na lateral deles? Seus pés estão querendo se arrastar? Estão juntos ou separados? Todos esses hábitos tendem a puxar você para o primeiro. Os únicos hábitos de pés do terceiro círculo facilmente identificados são pés afastados demais e aqueles que agarram o chão com os dedos.

- A última olhada em seu corpo é para explorar a maneira como você habitualmente caminha e senta.

    Ande pela sala. Ande até sentir que chegou a um passo confortável.

    Sua tendência é dar passos largos, frequentemente acompanhados do som ou da sensação de seus pés tocando o chão? Você empurra o peito e o queixo para frente e balança os braços com vigor? Então você tem o andar do terceiro círculo. Você anda com passos menores do que precisa, com os pés se arrastando ou raspando o chão? Você olha para baixo ao andar e puxa os ombros e a coluna para o chão? Esses hábitos indicam um caminhar do primeiro círculo.

    Agora olhe para si mesmo sentado. Você sente necessidade de ficar sentado numa posição rígida, com o peito preso? Agora você percebe que este é o terceiro círculo e que, ao se sentar despencando ou afundando na cadeira, você se põe no primeiro.

Tensões no corpo

Você já sabe um bocado sobre as tensões que habitam seu corpo e onde elas o distorcem e o puxam para fora de sua presença. Ao passar alguns minutos percebendo e observando suas tensões, você está começando a ter poder sobre elas.

Qualquer tensão descoberta na zona relativamente livre de estresse de seu espaço de trabalho ou de sua casa pode ser triplicada quando a tensão corresponde a uma explosão de adrenalina ou um surto de medo. Qualquer que seja a tensão que você descobriu, embora pequena, vai ter relevância quando a comunicação for importante.

Quando você trabalhar mais seu corpo, começará a focar no que chamo de suas "tensões primárias". São tensões que desencadeiam aquele efeito dominó por todo o corpo. Quando a tensão primária é identificada, você ganha um enorme aliado. Começa a conhecer seu inimigo: o inimigo trancado em seu corpo. É bem possível que essa tensão possa assombrá-lo durante anos, mas saber que ela está ali lhe dará uma chance, momento a momento, de tirá-la de seu corpo e de sua apresentação, e de recuperar seu pleno poder.

O problema com as tensões primárias é que elas tendem a ficar escondidas sob as secundárias, mais óbvias. Por causa disso, as pessoas me dizem frequentemente: "Meus ombros estão presos, eu os solto, mas eles nunca melhoram." Em geral, os ombros são uma tensão secundária desencadeada por tensões na coluna, na pelve ou nos joelhos. Esses estranhos cenários de distorção física pioram muito quando seu corpo tem um aumento de energia para tentar colocar você e ele presentes no segundo círculo.

Comece a identificar sua tensão primária e como essa tensão pode se propagar da fonte original para infectar outras partes de seu corpo e desestabilizar seu poder. Essa investigação pode levar tempo, portanto não se preocupe se não conseguir identificar as fontes de distorção imediatamente.

A próxima etapa é entender como a energia da presença no segundo círculo — seja a energia de sobrevivência, medo, excitação de estar de frente para um público ou de ser o mensageiro de más notícias — pode contrair você mais do que seus hábitos diários. Explicando de maneira simples: se seu corpo não está solto, os grandes surtos da energia que são sua força de vida podem incapacitá-lo mais, e provavelmente o farão. Quando você perde sua presença cada vez mais, encontrá-la no corpo e na respiração pode parecer chocante. Esse surto de energia num corpo deturpado é um dos motivos pelos quais os ataques de pânico acontecem com tantas pessoas hoje em dia. As mulheres vitorianas de classe alta com seus espartilhos apertados nos dão uma nítida demonstração disso. Quando paixões ou presenças queriam fluir por elas, não conseguiam. Essas mulheres não conseguiam respirar e, então, desmaiavam. É claro que o espartilho é uma distorção física feita por um homem.

Identificando tensões primárias

Eis algumas distorções que tenho encontrado regularmente. Todo mundo é diferente, portanto a natureza exata de cada distorção é, em última instância, infinita, mas acho que você vai entender.

Vamos começar com um corpo no primeiro círculo habitual. Você deve notar que seus ombros são curvados e sua cabeça abaixada. Você deve até ter tentado corrigir os ombros puxando-os para trás e, na verdade, aumentando a distorção. A tensão primária pode estar na coluna ou mesmo nos joelhos. Enquanto não cuidar da tensão-chave, você se sentirá e parecerá um contorcionista.

Quando sente um surto de energia passar por você, os bloqueios podem forçar seu corpo do primeiro para o terceiro círculo, com seu peito se erguendo e tornando quase impossível respirar. Isso pode levar sua voz a aumentar rapidamente, ficando aguda, e a perder qualquer poder real.

Você pode achar que sua principal fonte de tensão está em seu pescoço ou na parte inferior das costas e sentir seus ombros erguidos a maior parte do tempo. A tensão primária aqui pode estar numa região pélvica rígida, com os músculos do estômago puxados para dentro.

Quando um surto de energia passa por você, pode ser que se sinta puxado para trás, como se a sua própria presença fizesse você recuar. Muitos corpos do primeiro círculo não estão sobre suas pernas, mas sim existindo com joelhos estendidos e sem nenhuma base decente nos pés. Quando isso ocorre, toda a parte superior do corpo está lutando para permanecer ereta e as tensões travam a coluna, o estômago, a parte superior do peito, os ombros e o pescoço. Toda a parte superior do corpo está sem qualquer base, de modo que, ao ser preenchido por um surto de energia, todo ele se implode e desmorona.

O corpo do terceiro círculo é completamente propenso a empurrar-se para o mundo e ser inflexível. Muitos corpos do terceiro círculo reclamam de dor e tensão na parte inferior das costas, mas na verdade a tensão primária está na parte superior do peito, que foi puxada para cima e para fora. Nesses casos, quando ocorre um surto de energia, o peito fica tão trancado que você pode acabar hiperventilando e até mesmo tremendo.

Outra tensão que pode ser intensamente sentida no terceiro círculo ocorre na garganta, o que aperta a voz. Porém, a tensão primária pode ser a dos ombros sendo trancados para trás e mantidos nesse lugar. Com essa combinação de tensões, a voz não tem chance alguma de funcionar livremente e você vai acabar forçando-a, ou mesmo perdendo-a, ou se sentindo muito rouco após uma grande apresentação.

Como corpo do terceiro círculo, você começará a identificar rapidamente a tensão estufada do torso, mas precisa perceber também que sua tensão primária pode estar na posição trancada de suas pernas. O torso superior está reagindo à falta de uma conexão real com o chão através das pernas e dos pés. Entendo perfeitamente que interprete isso como força, mas, na verdade, com um surto suficiente de energia, você se mostrará frágil e poderá desmontar.

Retornando ao todo

Agora começa o trabalho que vai recolocar seu corpo em seu estado natural, seu estado de poder, a posição de recipiente para toda a energia passar através de você sem constrição.

Ao longo do livro, incluo exercícios que parecem funcionar bem para a maioria das pessoas, mas sei, pelos anos de experiência, que nem todos funcionam para todo mundo. Dê a cada exercício uma chance com boa vontade e, se não sentir mudanças, descarte-o e tente outro. Esses exercícios foram criados em uma ordem específica, e quando um exercício funcionar, você poderá precisar dele pelo resto da vida. Alguns desses exercícios precisam de tempo e privacidade, mas outros podem ser feitos rapidamente ao longo do dia. Como toda boa prática e treinamento de habilidades, um exercício tem que mudar você organicamente, de modo que saiba fazê-lo tão bem que poderá esquecê-lo! Para isso acontecer, é melhor se exercitar um pouco todo dia — em vez de, digamos, duas horas por semana — e é preciso estar preparado para verificar qualquer problema várias vezes no decorrer do dia. Sei que isso pode ser difícil num estilo de vida frenético, mas você merece ter tempo para si mesmo, ainda que tenha que trabalhar secretamente, afastado de seus colegas. Trabalho com um político importante que verifica todos os seus problemas no banheiro, longe de olhares intrometidos. Depois que estiver familiarizado com os exercícios básicos, encontrará lembretes rápidos no fim do livro.

Relaxamento profundo no chão

Este exercício pode mudar sua vida. O objetivo é colocar seu corpo naturalmente em pleno alinhamento eficiente. Também ajudará a aliviar o estresse e contribuirá para um relaxamento profundo até dormir. Use-o para livrar-se do estresse diário e de invasões físicas negativas em seu corpo. Exige tempo, e você precisa de um lugar seguro e protegido para a liberação completa. Você não pode fazer este exercício e, em seguida, levantar-se e ficar imediatamente alerta e eficiente. Ele também pode ser emocional. Muitas pessoas acham que fazem contato com toda uma série de sentimentos esquecidos, da raiva à tristeza e à perda. Isso se deve em parte à respiração mantida no abdômen inferior. Posteriormente, você saberá mais sobre isso, mas não fique assustado se fizer contato com mais sentimentos do que sabia que tinha.

A essência deste exercício é deixar que a força da gravidade suave, mas contínua, reposicione seu corpo. E o liberte de todos esses anos de tensões debilitantes.

A base deste exercício é deitar-se no chão com os músculos das panturrilhas apoiados numa cadeira. Encontre uma cadeira em que você possa apoiar confortavelmente os músculos das panturrilhas, sem contorção, de modo que as coxas possam estar em ângulo reto com o chão. Experimente cadeiras até encontrar uma que tenha a altura correta para a extensão de suas coxas e lhe permita deitar confortavelmente no chão, sem qualquer coisa prendendo suas pernas. Em circunstâncias ideais, as coxas devem estar totalmente apoiadas pelos músculos das panturrilhas sobre a cadeira.

- Encontre um lugar seguro e aquecido, onde não seja incomodado.

- Tenha uma almofada fina à mão, caso precise apoiar a cabeça.

- Deite-se de frente e posicione a cadeira de modo a apoiar os músculos de suas panturrilhas. Certifique-se de estar reto sobre o chão. Se sentir que sua cabeça está caindo para trás, apertando a garganta, ponha a almofada sob a cabeça para sentir a garganta aberta. Mexa a cabeça suavemente para os lados até repousá-la com facilidade. Agora você está olhando para o teto ou para o céu.

- Relaxe a mandíbula. Seus lábios devem estar unidos e seus dentes não devem estar trincados.

- Deixe seus ombros abertos. Os braços, ao lado do corpo, devem estar pesados, como se estivessem afundando no chão.

- Concentre-se em seu esterno e veja se consegue aquietá-lo, de modo que não levante quando você respirar. Pode ser que tenha que pôr a mão sobre ele para monitorar qualquer tentativa sua de erguê-lo.

- Sinta a coluna se expandir no chão. Há uma parte da coluna que não tocará no chão, mas você deve sentir uma expansão na parte superior das costas que permite ao chão sustentar uma parte maior de você.

- Agora concentre-se no relaxamento de suas coxas. Esse relaxamento deve começar a abrir sua região pélvica e os músculos trancados de seu estômago.

Para que seja totalmente eficaz, você precisa ficar nessa posição por no mínimo dez minutos, e se o exercício funcionar, você acrescentará outros pontos de concentração até fazê-lo de vinte a trinta minutos, três vezes por semana. Este é um exercício de profundo relaxamento e soltura, mas há muitas concepções erradas em torno de palavras como "soltar" e "relaxar". Inicialmente, este exercício pode ser desconfortável. Soltar geralmente dói. Se está mantendo tensões em seu corpo, vai sentir dor quando seu corpo relaxar e encontrar sua posição natural. Essas tensões são hábitos que podem estar trancados em seu corpo há décadas. Seu pescoço, seus ombros, a parte superior do peito, a parte inferior das costas e da barriga podem doer.

Cada vez que fizer este exercício, procure deixar que seu corpo se espalhe e que seu peso seja entregue ao chão. A cada vez que você o fizer será melhor, e é muito importante que comece a identificar claramente tensões e novos traumas que entrarem em seu corpo. Este exercício será não apenas uma maravilhosa redescoberta de si mesmo cada vez que o fizer, como lhe dará uma clara advertência sobre qualquer problema físico que represente um impedimento.

Depois de dez minutos (ou mais, quando você progredir), levante-se cuidadosamente e aos poucos:

- Vire-se de lado.

- Suas pernas vão sair da cadeira e você ficará deitado de lado, como uma baleia na praia.

- Fique de lado até sentir que seu peso está entregue ao chão nessa posição.

- Agora vire-se sobre suas mãos e joelhos e levante-se lentamente.

- Ponha os pés no chão e suba desenrolando a coluna, de modo que sua cabeça seja a última parte do corpo a se levantar.

- Deixe seus ombros caírem no lugar — onde eles quiserem ir, e não onde você quiser colocá-los. Eles devem parecer pesados e abertos.

- Erga sua coluna lembrando-se de como ela estava no chão e posicionando-a deste modo. No chão, ela não estava rígida ou arqueada, nem podia estar caída.

- Faça o mesmo processo na região pélvica.

- Note que os joelhos não estão estendidos.

- Se você tiver um espelho de corpo inteiro, olhe-se nele e verifique se consegue ver um alinhamento diferente.

- Agora deixe sua cabeça cair sobre o peito e sinta o peso dela.

- Deixe seu peso cair sobre o corpo até seu torso ficar pendurado livremente pela cintura.

- Balance os ombros e relaxe a parte de trás do pescoço e a mandíbula.

- Lentamente, desenrole o corpo mais uma vez e verifique se a sua posição está diferente, os ombros relaxados e a coluna ereta.

Essa soltura e relaxamento podem colocar sua mente e seu ser no primeiro círculo. Pode ser que você ache que voltou para dentro de si mesmo e de seu corpo. Os calcanhares recebem o peso do corpo e seu peito pode estar ligeiramente afundado. É fácil cuidar disso:

- Olhe em volta na sala e procure focar sua energia em algo que esteja fora de você, como um quadro ou uma árvore vista da janela. Essa atenção focada pode puxar sua energia para frente, para o segundo círculo.

- Em seguida, caminhe com energia. Imagine que tem que ir a algum lugar e está seguindo diretamente, mas sem força. Ao andar dessa maneira, sentirá uma nova energia se engajar em você. Haverá uma mudança de marcha em seu estado físico.

- Quando sentir essa mudança, pare de andar, mas deixe seu corpo continuar se movendo para frente. O quero dizer com isso é:

mantenha-se sobre a planta dos pés, mas não se mova para trás nem se estabilize estendendo os joelhos, puxando a coluna para baixo, ou prendendo-a, ou interferindo no posicionamento dos ombros.

Continue fazendo esse exercício e logo começará a estar presente em seu corpo de maneira animadora. É assim que você deve caminhar ao chegar a qualquer reunião importante. Na verdade, treinei muitos líderes para praticar esse andar em seus escritórios antes de uma reunião importante. Vou ser bastante específica: você não pode esperar que sua presença seja poderosa se começar uma apresentação com uma postura física caída. Depois de uma sessão, um CEO me mandou um e-mail: "Como podia pensar que era poderoso quando era fisicamente tão descuidado?"

- Agora, aproxime-se de uma parede e ponha as duas mãos sobre ela, como se fosse empurrá-la suave, mas firmemente. Observe o contato que precisa ter através de seu corpo para que haja uma sensação de pleno poder ao empurrar. Seus pés têm de estar no chão, com seu peso sobre a planta deles, os joelhos soltos, a coluna ereta, forte, mas não rígida, e os ombros relaxados para você sentir a energia e a respiração baixa, na região pélvica.

- Respire nessa posição. Permaneça conectado à parede, não sinta que está puxando a energia da parede para você ou que está forçando o poder da parte superior de seu corpo contra a parede. Apenas empurre com uma energia forte, mas eficiente.

- Quando sentir essa energia, afaste-se da parede, deixando que o contato com ela o coloque na sala com sua presença física plena. De novo: esta deve ser a primeira impressão que você deve levar a uma reunião importante. Você está começando a deixar que seu carisma natural irradie de seu corpo.

Há uma sabedoria no teatro de que, se entrar no palco com esse poder, o público estará com você desde o primeiro momento. Depois, poderá fazer qualquer coisa. Se entrar no primeiro ou terceiro círculos, terá que lutar para conquistá-los (primeiro) ou para levá-los a se interessar (terceiro).

Faça esse relaxamento profundo sempre que estiver estressado. Mesmo dois ou três minutos nessa posição ajudarão você a dissolver tensões físicas depois de qualquer acontecimento estressante, mas lembre-se que a versão mais longa do exercício pode não ser apropriada se você precisar recorrer à energia poderosa durante a hora seguinte ao exercício. Este é um exercício excelente para fazer ao entardecer, antes de uma apresentação ou reunião importante.

Relaxando e posicionando a coluna

Provavelmente você já sabe que sua coluna é problemática, mas este simples exercício lhe dará percepções mais claras sobre a natureza exata do problema.

- Encontre um assento duro.
- Sente-se com os pés no chão, aplicando uma pequena pressão extra sobre as plantas dos pés.
- Balance suavemente até se sentir conectado à base de sua coluna.
- Mantenha a sensação de fluidez do balanço ao ficar quieto.
- Agora, concentre-se na estrutura da espinha. Ela é caída no meio ou está segura com rigidez?
- Mexa a coluna lenta e sutilmente para cima e para baixo.
- Você começará a sentir o momento em que a coluna encontrar sua posição natural, equilibrada.
- Reconheça a conexão e a influência da coluna sobre o esterno e os ombros. Quando a coluna estiver em sua posição natural, você sentirá o peito aberto, e não erguido ou afundado. Os ombros começarão a pender livre e corretamente, sem que tenha que posicioná-los ou controlá-los.

- Agora, levante-se. Você deverá sentir melhor a coluna e essa sensação deve passar por suas pernas e seus joelhos até o chão.

Incline seu peso um pouquinho para frente, sobre as plantas dos pés, e faça o próximo exercício para a coluna.

- Mantenha os joelhos e os quadris soltos e erga os braços acima de você, como se estivesse alcançando o céu.

- Evite erguer os ombros ou o peito e mantenha a parte posterior de seu pescoço solta.

- Ao fazer esses movimentos, respire para o céu e, devagar abra os braços lateralmente, de modo a se parecer com aquela imagem de homem equilibrado que Leonardo da Vinci desenhou.

- Este é um momento importante, e sua resposta aqui é crucial para todos os exercícios que se seguem. Quando seus braços se abrirem para o mundo e depois voltarem para o lugar, pendendo lateralmente, você terá que tentar manter sua coluna na posição em que o exercício a colocou.

Durante todo esse trabalho há uma instrução simples. Faça o exercício e, depois que terminar, tente permanecer no lugar em que o exercício o colocou.

O exercício "Da Vinci" pode ser repetido várias vezes. Com essa repetição, começará a sentir a forma em que sua coluna deve ficar naturalmente.

Este é um dos exercícios feito pelo político na privacidade do banheiro. Aparentemente, ele faz isso antes de qualquer reunião com um adversário particularmente poderoso. Encontrando sua coluna, o político não se sente tão fraco na presença dele.

Quando sua coluna chegar à posição certa, não fique preocupado se os músculos em torno dela doerem. Essa dor não é um espasmo ou algo intenso, mas uma dor de músculos que subitamente estão trabalhando depois de anos de descanso.

* * *

Volte a fazer o exercício de empurrar a parede e, ao empurrá-la, sinta a importância e o poder da coluna. Uma boa variação do exercício da parede consiste em segurar uma cadeira acima da cabeça. Você já deve ter percebido que muitos de meus exercícios, na verdade, usam truques para levar o corpo e a respiração a encontrarem seu poder e sua presença naturais, e esses truques continuarão. Se você segurar uma cadeira razoavelmente pesada acima da cabeça (encontre uma que não seja pesada demais, apenas o suficiente para pôr o corpo no lugar), o peso da cadeira centralizará todo o corpo em sua necessidade de segurá-la. A prova deste exercício pode ser demonstrada se, ao segurar a cadeira, você brincar com as tensões inúteis que muitos de nós carregamos. Elas vão relaxar automaticamente. Por exemplo, se estender os joelhos, sentirá uma reação enorme, e que nada ajudará, em todo o corpo. Essa reação informa a você sobre a ineficiência dos joelhos estendidos.

O mesmo é válido para a tensão nos ombros, já que a colocação da coluna e da parte superior do peito no lugar sinalizará a mesma ineficiência. Quando conseguir segurar a cadeira alto o suficiente para ajustar o centro de seu corpo, encontrará uma presença física forte, ereta. No momento em que sentir seu centro, ponha a cadeira de volta ao chão e aprecie sua poderosa postura ereta.

Ombros

A maioria de nós sente nos ombros o estresse, o medo e a perda de poder. Quando o surto de energia atinge os ombros, estes se erguem e, devido às tensões causadas, a respiração e a voz podem ser afetadas.

- Mexa e gire suavemente os ombros. Não fique preocupado se eles rangerem ou estalarem; isso indica que a tensão está diminuindo. Depois desse movimento, deixe os ombros encontrarem o lugar deles. *Não os coloque no lugar.*

- Agora assuma uma posição sólida: um pé à frente do outro, a coluna ereta e os joelhos soltos.

- Balance um dos braços à sua volta, como se estivesse lançando uma bola com o braço estendido.

- Não tente fazer isso de maneira aeróbica, mas sim com uma tranquilidade focada.

- Ponha sua atenção no segundo círculo, num ponto ou alvo acima de você. Você está jogando energia para esse ponto.

- Lembre-se de respirar.

- Depois de fazer esse movimento várias vezes, deixe o braço e o ombro descansarem.

- Se resistir a posicionar seu ombro, deixará que ele encontre sua posição natural e sem estresse, que é geralmente muito mais baixa do que a posição dos ombros quando não estão relaxados.

- Solte o outro ombro, balance o outro braço e perceba como o ombro fica leve quando você o relaxa e não interfere nele.

- Tente balançar os dois braços e deixe que eles encontrem seu lugar verdadeiro e natural.

Compreendo perfeitamente que não possa se preparar para uma apresentação pública por meio de exercícios de relaxamento que possam ser observados por outras pessoas. Os dois relaxamentos seguintes são mais sutis.

- Fique de pé com os pés na direção dos quadris e ponha o peso levemente para frente, sobre a planta dos pés.

- Mantenha a coluna ereta e una as mãos atrás, junto às costas.

- Erga os braços e afaste-os troncos. Em seguida, abaixe-o em direção ao seu corpo. Repita o exercício algumas vezes.

- Quando soltar suas mãos, os ombros deverão relaxar e encontrar sua posição natural.

Quando você compreende o relaxamento deste exercício, consegue fazê-lo uma vez e reconectar seu corpo soltando a contração do ombro que está impedindo seu pleno poder.

O relaxamento mais sutil que você pode fazer é bem pequeno e depende de sua compreensão de todo o mecanismo de suas tensões nos ombros. Portanto, este exercício só vai funcionar depois de alguns meses de trabalho.

- Erga os ombros um centímetro. Tencione-os aí e, em seguida, solte-os e relaxe.

O que você perceberá é que se provocar a tensão, esta passará.

A glória deste relaxamento é que você consegue fazê-lo sem que ninguém perceba e pode recuperar o controle de sua presença no meio de qualquer reunião difícil e temerosa.

O verdadeiro comunicador profissional sabe que quando as tensões atacam, não está tudo perdido e que ainda há esperança de uma recuperação com uma ação focada. E isso frequentemente significa relaxar os ombros!

Relaxe os ombros antes de qualquer reunião importante para iniciá-la livremente. E relaxe-os depois, para não carregar qualquer tensão adquirida na reunião durante o resto do dia. Afaste-se de sua mesa e do computador e relaxe várias vezes ao dia, mesmo que não esteja sob ameaça. Você se sentirá melhor e terá uma aparência melhor também. Um CEO me disse que seu alfaiate está encantado com seus ombros porque os ternos sob medida que fez para ele estão caindo com mais estilo!

Região pélvica

Quando já tiver empurrado a parede e levantado uma cadeira sobre sua cabeça, terá percebido a importância de sua região pélvica estar abaixo da parte superior do tronco, conectada às pernas e aos pés. Ela é a ponte entre as partes superior e inferior do corpo. Segurando uma cadeira acima de sua cabeça, você sentirá o problema de empurrar a pelve para frente, porque isso incentivara seu corpo a tombar para trás ou — se sua tendência é empurrar a região pélvica e as nádegas para trás — começará a cair para frente com a cadeira. Se conseguir segurá-la por tempo suficiente com seus ombros soltos, a coluna ereta e os joelhos destrancados, a região pélvica encontrará seu verdadeiro lugar.

Da mesma forma, na posição de relaxamento profundo sobre o chão, a gravidade opera sua mágica abrindo e posicionando seu poder central em torno da região abdominal.

Uma consciência menos impressionante, porém mais sutil, da posição pélvica pode ser adquirida da seguinte maneira:

- Fique de pé, com seus pés separados na largura dos quadris. Certifique-se de que eles estão paralelos — não virados para fora — e de que o peso de seu corpo seja sentido na sola. Mantenha os joelhos levemente dobrados.

- Deixe a cabeça cair sobre o peito e deixe o peso dela fazê-lo cair para frente, a partir da cintura. O pescoço deve estar solto, de modo que sua cabeça se mova como um pêndulo. Os ombros devem estar pendurados.

- Quando está pendurado pela cintura, você deixa que as tensões de seu corpo saiam de você.

- Comece a se levantar pela coluna e procure fazer com que os ombros caiam no lugar e a cabeça seja a última coisa a se levantar, mas ponha sua verdadeira atenção na região pélvica. Quando se erguer, haverá um momento crítico — normalmente, quando realizou dois terços do movimento — em que poderá querer empurrar a pelve para frente ou contrair as nádegas. As duas opções prendem seu poder e o tiram de sua presença.

Pode ser que precise fazer este exercício várias vezes antes de conseguir deixar que a pelve fique sob o torso e seja uma parte de você.

É comum sentir o corpo instável ao reposicionar essa região, mas os benefícios que sentirá — principalmente na respiração — superarão qualquer instabilidade.

Cabeça, pescoço e mandíbula

Quando percebemos que o pescoço protege a medula espinhal próxima ao cérebro, não é de espantar que qualquer tensão presente ali aumente o estresse e a dor da vida. Além disso, considerando o peso da cabeça, não é de espantar que, se ela não estiver apropriadamente equilibrada no alto da coluna, a voz e o corpo podem caminhar para um trauma, e de fato isto ocorrerá. A mandíbula é igualmente crucial. Minha experiência diz que tensão na mandíbula é a última a passar e a primeira a voltar.

- Fique em pé, centrado com todas as conexões que encontrou em seu corpo.
- Permaneça presente por meio de pés, joelhos, coluna e ombros.
- Deixe a cabeça cair sobre o peito.
- Use as duas mãos para massagear suavemente a parte de trás do pescoço e em seguida a mandíbula e o rosto.
- Depois de alguns minutos dessa massagem suave, deixe os braços e ombros voltarem para as laterais com a gravidade.
- Balance sua cabeça suavemente de um lado para outro.
- Faça isso pelo menos sete vezes e, em seguida, deixe a cabeça descansar novamente sobre o peito.
- Feche os olhos e erga a cabeça.
- Só abra os olhos quando sentir sua cabeça se equilibrar facilmente no alto da coluna.

- Durante esse processo, pode ser que ache útil virar a cabeça para os lados. A cabeça fica na extremidade da coluna, por isso você precisa sentir como ela é essencial para que esta última mantenha-se reta. A importância de ficar de olhos fechados é começar a sentir a verdadeira posição da cabeça, em vez de posicioná-la de acordo com pistas visuais.

- Ponha uma das mãos suavemente na frente da garganta e veja se sente essa região mais aberta. Quando adotar suas posições de cabeça habituais, deverá sentir contrações no pescoço e na garganta.

- Agora deixe a cabeça cair para o lado direito.

- Mantenha a mandíbula relaxada.

- Com o braço direito, puxe suavemente, mas com firmeza, a cabeça um pouco mais, sentindo um alongamento suave.

- Em seguida, deixe o braço cair e use-o para puxar o braço esquerdo, que está solto, para baixo.

- Depois de alguns segundos, solte o braço e deixe a cabeça se erguer novamente.

- Você sentirá os músculos do pescoço mais leves e soltos, e a cabeça mais equilibrada.

- Repita os procedimentos do outro lado.

- De repente, você sentirá que a cabeça está numa posição maravilhosa. Com o pescoço solto, sentirá a energia à sua volta e começará a ter "olhos na parte de trás da cabeça".

Muitas pessoas com que trabalho se sentem presas atrás — a situação da "faca nas costas". Essa suspeita incentiva grande parte delas a bloquear as sensações no pescoço e nos ombros, o que lhes tira a sensibilidade ao ataque. Porém, quando você está solto nessas áreas, e presente, tem consciência de qualquer conspiração, sendo esta a única posição segura para se estar.

O último relaxamento do corpo é para tirar as tensões da mandíbula e do rosto. Muitos de nós mantemos nossos rostos numa máscara de tensão, seja com um sorriso exagerado, um rosto sério e paralisado ou uma expressão que transmite um estado perpétuo de preocupação ou até mesmo arrogância. Talvez você tenha notado em si mesmo ou nos outros que essas tensões faciais nos impedem de ver a pessoa real e presente. Às vezes, você consegue até observar em algumas pessoas um olhar assustado e amedrontado surgindo através da máscara. Essas tensões na máscara facial dificultam que se enxergue a humanidade e autenticidade de alguém, ou mesmo que se confie num rosto. Obviamente, essa falta de conexão com o público através do rosto não permite uma comunicação poderosa, mas há uma outra preocupação urgente com as tensões na mandíbula e no rosto.

Se você não relaxa a mandíbula e o rosto, fica mais difícil falar claramente. Os músculos da articulação ficam impedidos. Há três principais áreas que ficam presas no rosto.

1. Entre os olhos.
2. Os músculos da bochecha.
3. A mandíbula — e a tensão nela é tão invasiva, que pode atrapalhar a respiração, apertar a voz e até inibir a audição.

Experimente fazer o exercício a seguir para liberar essas áreas:

- Fique em pé, centrado, e libere qualquer tensão que sentir no corpo.

- Contraia o rosto, tentando isolar esses músculos e manter a tensão apenas nele.

- Depois de alguns segundos, relaxe os músculos, deixando que eles encontrem seus lugares no crânio. Ou seja, não recoloque a tensão.

- Pode parecer estranho sentir os músculos encontrando os lugares onde querem estar.

- Respire e aprecie essa nova liberdade facial. Ao se olhar no espelho depois desse relaxamento, poderá até se ver melhor e mais claramente.

- Agora, mova a mandíbula para frente da posição correta, com os lábios unidos, mas sem trincar os dentes.

- Por fim, sorria de forma suave, mas completa. De início, mantenha os lábios fechados.

- Em seguida, ainda sorrindo, abra a boca devagar.

- Abra a boca o máximo que puder, sem usar a força.

- Respire nessa posição e você sentirá a garganta aberta e a energia entrando em seu corpo.

- Pode ser até que você sinta esse movimento da respiração e da energia na região abdominal inferior.

- Agora, junte os lábios sem restituir qualquer das antigas tensões e sem cerrar os dentes.

- Toda a máscara facial terá começado a relaxar, e ao se olhar novamente no espelho, vai se ver diferente.

A mandíbula é muito suscetível a tensões e precisa ser constantemente trabalhada para se manter relaxada.

É possível que o relaxamento da mandíbula seja bastante emocional, e esta pode tremer ao se soltar, mas os benefícios a você, sua voz e sua fala, bem como à maneira como é visto no mundo, ficarão tão visíveis, que você perceberá a necessidade de perder essa tensão.

Uma jovem brilhante — a única mulher num escritório de homens — descobriu através desses exercícios que sorria de uma maneira específica ao longo do dia. Não um sorriso de alegria, mas de uma desesperada máscara "gostem de mim". A percepção dolorosa foi de que esse sorriso de pânico só fazia os homens se aproveitarem ainda mais dela. Isso diminuiu quando seu rosto relaxou.

A melhor maneira de estar presente em seu corpo é usá-lo para o que ele foi feito. Atividades que exigem equilíbrio e centralidade são escolhas óbvias para manter-se bem ajustado no segundo círculo. Uma das maneiras mais seguras e eficientes de manter-se conectado a seu corpo é caminhar com propósito (e não "passeando") em terrenos acidentados ou na areia. Quando você faz isso, percebe o mundo à sua volta em detalhes precisos. Em alguns minutos estará mais presente em seu corpo. Pare de vez em quando e perceba como a energia circula em você e ao seu redor, mesmo quando está em silêncio. Você está quieto, mas ainda está ativo.

Você pode recriar essa energia em uma sala. Pisos lisos são melhores que carpetes, mas é possível sentir mudanças em seu corpo sobre qualquer superfície.

- Ande com propósito e mude de direção de maneira clara. Observe a sala à sua volta e não olhe para o chão.

- De vez em quando, pare, mas não se afaste para o primeiro nem migre para o terceiro círculo dentro de você ou no espaço.

- Experimente sentar-se e levantar-se com essa energia.

Para sentir a presença no segundo círculo mais vividamente, ande, pare e sente-se. Em seguida, inverta o percurso. A repetição dessa sequência lhe dará um enorme poder e presença quando entrar em qualquer sala, sentar-se e depois levantar-se para falar. Dará a você uma memória de como acionar a energia e controlá-la a seu favor. Certa vez, passei uma hora ensinando um grupo de parlamentares a se levantar com presença, para serem notados pelo presidente da Câmara dos Comuns. Até o momento, nenhum deles conseguia ser notado. Tudo o que fizemos durante uma hora foi praticar levantar-se e sentar-se com energia. Uma semana depois daquela sessão, todos eles haviam conseguido ser notados e fazer uma pergunta na Câmara dos Comuns. Você pode ver qualquer grande artista fazendo o mesmo. Quando ele caminha no palco, mesmo antes de falar, cantar, ou apanhar o instrumento para tocar, você sabe que ele está ali com você, presente. Ele não pode ser ignorado (primeiro círculo), mas não está interferindo (terceiro círculo) até chegar sua vez de fazer isso.

Resumo

- Fique atento à sua postura — cabeça, coluna, ombros, abdômen e pernas. Certifique-se de que está tudo alinhado e livre de tensões.

- Dê atenção a seu rosto — relaxe a mandíbula, a testa e as bochechas.

- Permaneça conectado a seu corpo mantendo-se presente e atento a seu estado físico.

RESPIRAÇÃO

Toda sua força de vida, seus pensamentos, sentimentos e expressões são completamente dependentes de oxigênio e de sua capacidade de respirar. Quando a vida o coloca em arenas importantes e elevadas, você precisa cada vez mais de um sistema respiratório natural e presente.

Em comunicação, há uma equação simples:

Quanto maior o pensamento, o sentimento e o espaço = mais urgente a mensagem = maior a respiração

Você nasceu com um sistema respiratório poderoso e adaptável. Quando para de interferir em sua respiração, ela funciona muito bem. Entendo como interferências as tensões nos ombros, no peito ou na região abdominal; prender, ofegar, suspirar ou os bloqueios que você coloca em si mesmo, emocional e intelectualmente.

Uma respiração natural responde a qualquer acontecimento novo, seja falar em público, sobreviver a um ataque, deixar surgir uma ideia ou uma emoção. A respiração natural permite que as costelas se abram em torno do centro do corpo, o que, como agora você sabe, é impossível fazer plenamente se você está tenso nas regiões da coluna, dos ombros, do peito ou da mandíbula. O movimento de inspiração deve ser feito para baixo, abrindo e relaxando todos os músculos abdominais inferiores. Ao expirar, essa energia envia seu poder ao mundo, através de sua voz, suas palavras e sua presença.

A respiração profunda em seu corpo lhe dá poder para agir, falar, pensar e sentir, e essa ação cria uma coluna de ar que sustenta você. Essa respiração é o que você precisa para ser eficiente em todas as áreas de sua vida. Infelizmente, a maioria das pessoas vive respirando pela metade e, portanto, não vive plenamente.

Depois de qualquer grande acontecimento, você deve retornar a seu padrão de respiração e ritmo tranquilos, expulsando o estresse pela expiração. Todos os pais sabem do que estou falando. Quando você conforta uma criança ansiosa, espera a respiração dela se estabilizar antes de levá-la para a cama. Em algum momento de sua história você se lembrará dessa respiração gloriosa e libertadora. Ela poderá ser imediatamente relembrada no momento de uma risada solta, com suas laterais e sua barriga doendo com a liberação do poder natural e pleno de sua respiração.

Embora muitas pessoas achem que esses momentos de respiração livre sejam raros, eles podem ser reencontrados. Felizmente, respirar é uma função vital que pode ser conscientemente trabalhada e mantida. Isso é essencial se você vai passar por medos e estresse. Estes sempre serão fatores de uma comunicação importante, mas não precisam fazer seu sistema respiratório explodir (terceiro) nem implodir (primeiro) com as pressões da vida. Lembre-se: um artista experiente entra no palco com um enorme estresse, mas sua habilidade para respirar lhe permite não demonstrar sua ansiedade ou seu medo, do contrário, destruiria seu trabalho. Ele trabalhou seu sistema respiratório para eliminar qualquer impacto que o medo possa ter em sua capacidade de respirar.

Comece a pensar em seus padrões de respiração. Você precisará de um período de tempo substancial para adquirir essa consciência. Os momentos mais interessantes serão aqueles em que estiver sob alguma forma de ameaça; em seguida, descobrirá suas tensões respiratórias cruciais e começará a saber como enfrentá-las. Você já recebeu um bocado de informação sobre sua respiração através do trabalho corporal e provavelmente tem uma forte suspeita sobre qual é o seu círculo favorito. Eis como os três círculos de energia se manifestam em nossa respiração.

Respiração no primeiro círculo

O hábito extremo do primeiro círculo é fazer uma pausa longa demais entre as respirações. Na prática, isso reduz você ao menor espaço que consegue ocupar, pois está tentando ficar quieto e não ser notado, ou até mesmo parecer invisível. Camundongos fazem isso quando o falcão paira sobre eles. É uma maneira de sobreviver a esse momento de extrema ameaça, mas o camundongo vai voltar a respirar plenamente quando o perigo passar. Ele precisa de oxigênio para fugir. Alguns de vocês têm estado tão aterrorizados que são como o camundongo quieto e inativo, mas se esqueceram de respirar quando o perigo já não existe mais.

Se você tem essa "síndrome do camundongo", pode ser que esteja tendo que fazer uma inspiração longa e tensa depois de um longo intervalo sem respirar propriamente. A respiração do primeiro círculo tem uma qualidade irregular. Há sobressaltos, puxadas de ar rápidas na parte superior do peito e suspiros que lhe tiram o poder, esvaziando mais seu corpo. Frequentemente, há um movimento na respiração que vai de uma posição de pânico para outra de resignação. Todos esses hábitos são completamente inúteis para fortalecer a voz e podem amedrontá-la tanto, que você vai emitir guinchos e chiados. O ritmo irregular e acelerado da respiração indica fraqueza, e acredito que esse padrão comunica ao mundo que você é uma vítima. De acordo com minha experiência, pessoas intimidadoras percebem esse padrão. Quando estiver diante de uma, você sentirá esse pânico e terá que começar a respirar naturalmente apesar da presença dela para se manter pleno.

Respiração no terceiro círculo

A respiração extrema do terceiro círculo é aquela em que o peito parece cheio e preso o máximo possível. A inspiração é barulhenta e pode parecer que a pessoa está tomando nosso oxigênio para si. Pode haver uma força na respiração capaz de sugar os outros. A inspiração e a expiração podem ser exageradamente controladas, sem permitir que a respiração responda naturalmente a impulsos externos ou internos. É uma respiração forte e controladora, que não demonstra qualquer vulnerabilidade. Se a inspiração tira energia da sala, a expiração parece derrubar os outros.

Na respiração do terceiro círculo, a pessoa pode prender o ar, o que exerce uma enorme pressão sobre o peito, a parte inferior das costas e o pescoço, a ponto de veias aparecerem no pescoço. A respiração não é uma alegria, mas sim um ato de esforço e controle. Não há sutileza alguma nos sons, não há dar ou receber. A voz não consegue expressar apropriadamente as nuances do pensamento ou do sentimento. Os sons ficam presos. O controle demasiadamente regular do ritmo da respiração pode parecer desinteressado, até mesmo robotizado. Essa respiração funciona em situações limitadas. É encontrada em apresentações controladoras, mas entediantes.

Respiração presente no segundo círculo

Quando fizer o próximo exercício para usar a respiração do segundo círculo, as sensações de relaxamento e conexão emocional vão aumentar, e percebo que às vezes podem ser perturbadoras ou criar uma sensação de pânico. Pela minha experiência, esse relaxamento — se tiver coragem para ir adiante e respirar assim — não apenas lhe fortalecerá, como tirará um fardo de seu corpo. Quando estiver deitado no chão, e a gravidade o estiver colocando no lugar e aliviando sua tensão, conseguirá sentir a beleza de sua respiração natural. A respiração fortalecerá você, sua presença e sua voz.

- Comece retornando ao exercício de relaxamento profundo do corpo que você fez. Deite com as costas no chão e com os músculos das panturrilhas se apoiando numa cadeira que permita manter os músculos de suas coxas em ângulo reto com o chão. Pode ser que precise de uma almofada pequena sob a cabeça para que esta não seja puxada para trás e a parte superior de seu peito não levante.

- Ponha uma das mãos sobre a parte superior do peito e a outra sobre a barriga.

- Mantenha os ombros relaxados e verifique constantemente se seu pescoço, sua mandíbula e suas coxas permanecem relaxados.

- Use a mão que está sobre o peito para se lembrar de que, quando você inspira (através do nariz), a parte superior de seu peito não deve levantar. Sua mão sobre a região abdominal inferior é um lembrete físico de que você precisa deixar que o movimento da respiração chegue à parte inferior de seu corpo.

- Durante vários minutos, não faça nada além de inspirar e expirar pelo nariz.

- Tente reduzir o ritmo de sua respiração ao movimento mais simples e lento.

- Respire em silêncio.

- Depois de vários minutos, retire suas mãos da função de monitoramento e repouse-as lateralmente.

- Mantenha a respiração lenta e silenciosa e faça uma viagem mental pelo corpo para checar seu estado. Se encontrar alguma tensão, lembre-se de que essa tensão pode ir embora!

- Comece pela mandíbula e passe para a parte posterior do pescoço. Visite os ombros e a parte superior do peito. Lembre às escápulas que elas podem abrir e usar o chão como apoio. Ao descer pela coluna, perceba o quanto da área de suas costas está apoiada no chão.

- É bem provável que, quando suas costas relaxarem, você sinta uma dor em tornos dos músculos que estão se soltando. Sinta as nádegas e a região pélvica apoiadas no chão e os músculos abdominais relaxados. Esse relaxamento está diretamente ligado ao relaxamento das coxas e fará com que sinta a região da virilha extremamente vulnerável.

- Você passará por partes do corpo que não conseguem abrir e pode ser que queira interromper a respiração ao encontrar essas áreas. Porém, tente manter a respiração fluida. Embora isso seja desconfortável, tem uma importância inestimável. As regiões onde é difícil relaxar e respirar são aquelas que contêm suas tensões primárias.

- Agora, ponhas as mãos em torno do centro de seu corpo e encontre as costelas.

- Sinta as laterais delas, sinta qualquer movimento da respiração e, em seguida, deslize suas mãos para trás para sentir o movimento na parte posterior das costelas. Na inspiração, as costelas se abrem em torno do centro de seu torso, sem que os ombros e a parte superior do peito se ergam. Quando as costelas se movem para fora e se levantam, os músculos da região abdominal e os da pelve relaxam e se movem para fora. Na expiração, todos esses músculos — as costelas e os músculos inferiores — movem-se para dentro e criam uma coluna de ar que sustenta seu poder e sua voz e consequentemente envia energia para o mundo.

- Agora intercale a respiração pelo nariz com a respiração pela boca. A respiração nasal é mais calma, mas você também precisará da boca.

- Mesmo nesses movimentos simples, você poderá identificar áreas trancadas ou presas que impedem sua presença. Pode ser que sinta necessidade de prender suas costelas, estufá-las, segurá-las e, em seguida, forçar o ar a sair. Você também pode achar difícil respirar com a região inferior, deixar de concluir a respiração e afundar o peito ao expirar.

Nesse momento, quero que faça uma pausa enquanto expira e inspira no chão.

A pausa é porque quero que trabalhe um dos aspectos mais importantes de seu poder. Na verdade, considero a próxima parte do trabalho uma das coisas mais cruciais que posso ensinar sobre presença e poder.

Quando seu poder está sendo minado ou atacado — qualquer que seja o motivo — há uma clara indicação disso em sua respiração. *Tudo* que acontece com você se manifesta primeiramente na respiração. O padrão e o ritmo de sua respiração são uma clara indicação de onde você está em seu poder e sua presença.

Quando você inspira, há um momento claro em que a respiração é suspensa — não presa, mas presente em seu corpo, antes de você expirar. Este é o momento que põe você no segundo círculo. Se você agir e falar quando estiver pronto, não apenas terá uma chance de ser poderoso e, consequentemente, liderar; como indicará ao mundo seu poder completo. Você fracassa quando age ou fala estando fora de sua "prontidão".

- Enquanto estiver deitado, respirando, comece a identificar esse momento de prontidão. Se seu hábito é o primeiro círculo, você não vai ousar esperar. Vai querer expirar uma fração de segundo antes de suspender a respiração e estar totalmente presente em seu corpo. Poderá até mesmo se enfraquecer mais, esvaziando enquanto alcança o momento de pleno poder. Um hábito do terceiro círculo tentará trancar a suspensão no lugar ou hiperinflar a respiração. Essa tentativa de controlar a prontidão só leva a um bloqueio e à perda de poder.

- Investigue durante algum tempo esse momento sem redução de força e, ao sentir a prontidão, solte o ar, emitindo um som suave de "s".

- Portanto, inspire, sinta a suspensão e a prontidão da respiração e em seguida expire usando as costelas e os músculos abdominais para sustentar o "s".

- Depois de algumas expirações, você deverá sentir que a respiração está em contato com o som de "s". Esse contato ou conexão da respiração é o que chamo de apoio.

- Fique algum tempo apreciando a facilidade e simplicidade de soltar o ar.

- Assim que tiver experimentado a prontidão e a expiração em "s", que são formas de concentração na inspiração, fique atento à liberação do ar.

- Quando a respiração sustenta o "s", há um momento em que você sabe que deve inspirar novamente. Pode continuar a soltar o ar em "s", mas isso continuará sem pleno poder ou apoio. Na verdade, se continuar, poderá sentir partes de seu corpo se contraindo para conservar a respiração, fechando-se em torno dela ou prendendo-a.

- Na respiração natural, você inspira e solta o que precisa, fala quando está pronto e respira quando é necessário. Observe qualquer pessoa que tem um poder real e autêntico e verá essa respiração em ação.

- Passe alguns minutos respirando com essa claridade, respondendo às demandas do seu corpo.

- Você pode estender e sentir essa expiração mais sensualmente se mudar o som de "s" para "z" e, em seguida, puxar lentamente os joelhos para junto de você com as mãos. Depois de várias expirações nessa posição, você deverá sentir claramente a conexão e o apoio da respiração. Ponha de novo as pernas na cadeira e volte a ficar em silêncio e a respirar calmamente.

Você passou um tempo considerável no chão. Sei que em muitos estilos de vida isso é um enorme luxo e é impraticável fazer esse trabalho todos os dias. Muitas pessoas manifestam uma sensação de "Não consigo ter tempo para mim mesmo". Outras respostas incluem (particularmente quando faço o exercício do chão com as pessoas): "Mas eu não falo deitado no chão."

É claro que não, mas vamos pôr isso em perspectiva. Quando se deita no chão, a gravidade cuida de muitas tensões que você inseriu em seu corpo ao longo dos anos.

Esse trabalho é uma maneira rápida de tratá-las. O tempo passado no chão respirando o mudará mais rapidamente do que o tempo passado correndo em busca de algo que só pode ser encontrado a longo prazo. Você precisa respeitar o tempo. Passe algum período trabalhando para mudar e ser bom no que você faz. O trabalho profundo exige tempo, e não acredite em ninguém que lhe diga o contrário.

Algumas sessões no chão ajudarão você a entender onde é preciso trabalhar, e pode ser que precise revisitar esses exercícios no chão apenas quando estiver extremamente estressado ou ansioso.

Pense nesse exercício como sendo a base para todos os exercícios mais fortalecedores e práticos que se seguem. Poderá recorrer às sensações sentidas no chão durante as próximas etapas do trabalho e quando estiver realmente se apresentando e usando seu poder.

Esse trabalho leva tempo, mas vale ouro em todos os aspectos da vida.

Você ainda está no chão, portanto vamos nos levantar.

- Tire seus pés da cadeira e vire-se de lado.

- Fique aí, aproveite o relaxamento nos ombros e no pescoço e sinta o peso dos braços.

- Sinta a respiração em torno de seu corpo.

- Apoie-se sobre as mãos e os joelhos e deixe suas nádegas desabarem sobre os músculos das panturrilhas; permita que sua testa descanse no chão e que seus braços repousem acima de sua cabeça.

- Relaxe os ombros e o pescoço.

- Algumas pessoas acham essa posição dolorosa demais — se for este seu caso, levante-se e centralize o corpo — mas se ela for suportável, você conseguirá fazer uma respiração profunda nas costas.

- Ao respirar nessa posição (chamada no Yoga de posição da criança), suas costas naturalmente vão se expandir e você sentirá os músculos abdominais participarem ativamente, embora restritos por suas coxas.

- Nessa posição, você sente claramente a prontidão de sua respiração.

- Depois de algumas respirações assim, volte a se sentar sobre os pés, com a espinha ereta, e deixe os ombros relaxarem. Você sentirá agora a respiração descer profundamente até sua base de poder na região abdominal inferior. Ponha a mão ali e expire em "z" a partir desse apoio de baixo.

- Você começará a fazer contato com o pleno poder de sua respiração. Pode parecer excitante e até fácil demais!

- Agora apoie os pés no chão e levante-se cuidadosamente. Ao se levantar, cheque a posição de seus pés sobre o chão, mantendo-os separados na largura dos quadris e com o peso na frente.

- Você se sentirá meio distante, mas olhe ao redor e focalize um objeto à sua frente para voltar ao segundo círculo.

- Resista a voltar a qualquer hábito físico ou de respiração, o que poderia levar você a se posicionar com a coluna caída e os ombros curvados, ou com o peito erguido.

- É inevitável que a perda de tensões torne você muito aberto ou vulnerável, e pode ser que você queira se diminuir indo para o primeiro círculo ou se defender posicionando-se no terceiro círculo.

- Concentre-se em sua respiração e possivelmente esta vai se acalmar e se aprofundar em seu corpo.

- Invista no sentimento de prontidão na respiração e verifique se ele está ali para você.

- Aproxime-se de uma parede e empurre-a suavemente, como você fez na etapa do trabalho corporal, mas desta vez perceba, ao empurrá-la, se sua respiração está baixa e conectada em seu corpo.

- Ao empurrar a parede, expire no "z" e veja se consegue identificar o poder da respiração.

- Quando você sente o poder, esse ato de empurrar pode ser feito com uma das mãos e de maneira bastante sutil. Mais tarde, você conseguirá reconectar sua respiração quando estiver sob pressão em qualquer aspecto de sua vida, e recuperar qualquer poder perdido empurrando mesas e cadeiras sem ser notado!

- Você também pode sentir essa conexão segurando uma cadeira acima de sua cabeça, inspirando e soltando o ar no "z".

- Depois de se afastar da parede ou de pôr a cadeira de volta ao chão, você pode manter a conexão se não retornar a hábitos antigos.

- Repita até ficar conectado e, depois disso, você conseguirá sair e entrar nessa conexão à vontade.

- Agora tente caminhar com propósito, mantendo a respiração livre, e, ao parar, evite mover o corpo para trás ou esvaziar a respiração (primeiro círculo); ou retendo ou bloqueando a respiração (terceiro círculo). Essa prática pode ser feita em qualquer lugar. Você pode caminhar nas ruas e, em seguida, parar e checar se seu corpo e sua respiração estão conectados e presentes.

O que está trabalhando precisamente é o pleno engajamento da tomada de ar no segundo círculo — a conexão de você estar se apropriando de seu poder. Agora, temos que trabalhar na liberação total de seu poder para o mundo e para pontos específicos do foco no segundo círculo. Ou seja, para seu poder tocando especificamente o mundo fora de você.

- Comece imaginando que está arremessando uma bola posicionada embaixo de seu braço.

- O bom arremesso é feito na expiração. Aliás, esse trabalho vai melhorar qualquer esporte que você praticar no qual tenha que arremessar uma bola!

- Seu braço balança para trás enquanto você inspira e fica suspenso juntamente com a respiração. Relaxe na expiração e, ao balançar o braço para frente, arremesse a bola. No momento em que precisar inspirar, seu braço voltará para trás, recebendo a energia da respiração, pronto para repetir o processo enquanto se balança para um lugar de suspensão e prontidão respiratória. A bola é arremessada na expiração — nem antes nem depois que a respiração estiver pronta — e você balançará o braço de volta para tomar ar quando precisar, sem nada o prendendo.

Se você está no primeiro círculo enquanto arremessa a bola, provavelmente não completará totalmente a inspiração — que corresponde ao momento em que o braço se balança para trás — e lançará a bola antes de a respiração e o braço completarem sua jornada. A bola será enviada com poder incompleto e você provavelmente recuará depois de jogá-la.

O arremesso no terceiro círculo é forçado. Você puxa o ar quando o braço vai para trás, segurando a respiração e o braço antes de arremessar, o que é forçado demais, de modo que ele fica preso depois que você lança a bola.

Este exercício parece simples, mas é extremamente eficiente para conectar sua respiração à sua presença. Afinal de contas, você foi feito para se mexer. Se consegue se soltar depois de alguns minutos balançando, a respiração fica coordenada com você e seu corpo.

Se tem uma bola e uma parede disponíveis, jogue a bola na parede e pegue-a algumas vezes. A respiração começará a funcionar naturalmente.

Um dos motivos de o malabarismo torná-lo tão presente é que você só consegue fazê-lo quando a respiração está funcionando normalmente. Qualquer esporte que envolve balanço emprega a respiração desta maneira: você melhorará imensamente seu balanço no golfe e sua jogada no tênis com essa consciência da respiração. Na verdade, se tiver alguma lembrança de uma jogada, arremesso ou chute fantástico que já deu em seu esporte favorito, provavelmente se lembrará de que sua respiração não teve esforço e funcionou com o apoio natural.

ENERGIA DA RESPIRAÇÃO

O próximo exercício é crucial para que possa levar sua energia a todas as situações, modificando a energia à sua volta e se apresentando com pleno poder e presença.

- Permaneça centrado e mantenha a respiração na parte mais inferior do corpo possível.
- Olhe para um objeto à sua frente (uma cadeira vazia é uma boa opção).
- Certifique-se de que seu corpo permaneça voltado para frente e se apresente a esse objeto.
- Respire para o objeto. Toque-o com sua respiração.
- Ao inspirar, não se afaste. Você está respirando para o objeto e tomando ar dele.

Observe o que acontece com você e sua respiração se esta só alcançar a metade do caminho até o objeto na sala. Você será puxado para o primeiro círculo de energia. Se não respirar para a pessoa ou para a sala, estará puxando sua energia de volta para si mesmo e não preencherá o espaço. Observe como respirar além do objeto o empurrará para o terceiro círculo. Você se desconectou ao ir, com sua respiração, além de seu ponto de concentração. Certamente, se você respirar além de nós, o seu público, nos sentiremos intimidados ou irrelevantes; você está em algum outro lugar além de nós!

O objetivo deste exercício é ajudá-lo a respirar no segundo círculo para uma sala cheia de pessoas, de maneira que você e elas permaneçam engajados. Você preencherá o espaço com sua energia e receberá energia delas. Isso se aplica igualmente a reuniões menores, conversas entre duas pessoas, entrevistas, bate-papos ao telefone e até e-mails e mensagens de texto. Seu padrão de respiração é contagiante. Quando está presente em sua respiração, seu público tem uma oportunidade de estar presente com você. Você está realmente ajudando-o a escutar. Quando respira dessa maneira, com o conteúdo de sua apresentação, você possui o que está dizendo e compartilha isso com os outros.

Aqueles que não lhe querem bem tentam subconscientemente destruir sua respiração ao deixarem de respirar para você. Então, você tem uma escolha. Sabendo disso, pode continuar a respirar com poder e plenamente, em sua presença, mesmo quando as pessoas à sua volta não estão com você. Dessa maneira, você pode derrotar o colega que o intimida em seu local de trabalho, permanecer presente na entrevista que foi programada para humilhá-lo ou amedrontá-lo, ou permanecer atento quando o CEO chato estiver tentando dominar todos vocês. Você tem uma chance real de permanecer presente quando respira dessa maneira e nenhuma chance real se não respira assim.

Resumo

- O ar entra silenciosamente pelo nariz ou pela boca — sem você erguer os ombros ou a parte superior do peito. As costelas se abrem em torno do centro do corpo e você sente um relaxamento na região inferior do abdômen.

- Você sente uma "prontidão" ou suspensão na respiração e, em seguida, expira.

- No momento em que você sentir que os músculos de apoio relaxaram ao máximo, antes de contrair o corpo de qualquer modo, inspire novamente com calma.

- Você respira para o espaço e para as pessoas nesse espaço.

Pratique esses princípios e sua comunicação e eficiência se transformarão. Você começará a tocar seu poder pleno.

Respirando para o uso constante da voz

Se precisa usar sua voz em grandes arenas ou durante várias horas por dia, precisará aumentar a força, a capacidade e a consistência de sua respiração. Uma boa comunicação exige trabalho e dedicação, e se você conseguir fazer os próximos exercícios pelo menos durante alguns minutos, suas condições vocais vão melhorar.

Permaneça lembrando a si mesmo de todo o trabalho corporal e dos princípios da respiração e do apoio já trabalhados. Agora você está começando a desenvolver suas próprias técnicas e habilidades. Está prestes a ficar mais forte e mais preparado.

Alongando as costelas

A respiração precisa de músculos, portanto vamos começar com as costelas.

Os músculos em torno das costelas respondem muito rapidamente, portanto, se você tem alguns dias livres antes de se apresentar num grande espaço, faça esses alongamentos na véspera e na manhã do dia da apresentação.

- Permaneça em pé, centrado no segundo círculo, e checando o corpo em busca de tensões inúteis.
- Mantenha-se ereto, com os joelhos e quadris relaxados.
- Ponha o braço esquerdo em arco sobre a cabeça, de modo que você se incline para a direita.
- Inspire e expire nessa posição, em seguida volte a ficar ereto e sentirá que esticou e abriu o lado esquerdo das costelas.
- Repita os procedimentos, mas desta vez puxe o braço arqueado com sua mão direita.
- Ao expirar e inspirar, você sentirá um alongamento maior e a respiração começará a ir mais para baixo na região abdominal.
- Quando os alongamentos se tornarem maiores, você deverá identificar o momento de prontidão na respiração e o apoio que vem com essa presença.
- Agora alongue o lado direito de suas costelas repetindo a sequência com o braço direito.

Quando fizer o exercício dos dois lados, você se sentirá mais calmo, aberto e pronto para a ação.

O próximo exercício é um poderoso alongamento da respiração, principalmente da parte de trás das costelas. Se funcionar para você, será um exercício ao qual recorrerá para sempre.

Quando quer recuperar naturalmente a respiração — por exemplo, depois de correr — você automaticamente põe as mãos nos joelhos dobrados e se inclina para frente. Nessa posição, a parte posterior das costelas se abre. Só o que estou acrescentando a essa posição natural é um abraço.

- Mantendo os ombros relaxados, abrace seu corpo, com uma pressão suave, mas firme, sobre seu peito.

- Dobre os joelhos até onde for confortável e se agache.

- Quando estiver agachado, respire profundamente, mas com calma.

- Você sentirá toda a parte posterior se abrir e uma clara sensação de engajamento e prontidão na respiração — não tenha pressa.

- Depois de três ou quatro respirações, deixe os braços caírem e, em seguida, levante-se lentamente pela coluna até ficar centrado.

- Pode ser que você se sinta tonto, portanto fixe o olhar num ponto da sala e respire para esse ponto, de modo a colocar você e sua respiração no segundo círculo.

- Aproxime-se de uma parede e empurre-a com uma das mãos — sinta o poder da respiração se acomodando em seu corpo.

- Ainda empurrando, inspire e conte "um". Sinta o apoio sob o "um" e a energia deste apoio indo para a parede.

- Inspire e conte "um, dois".

- Vá aumentando a contagem dessa maneira até esgotar o apoio real. Nunca vá além do apoio.

- Pode ser que você consiga contar até cinco ou a dez.

- Com o tempo, eu gostaria que você chegasse a pelo menos 15, com uma respiração plenamente apoiada.

- Logo que se afastar da parede, repita o exercício com a lembrança do ato de empurrar engajando sua respiração e seu corpo. Encontre um ponto e conte "um" para ele. Encontre outro ponto e conte "um, dois" etc. Você está fazendo um exercício que com o tempo o ajudará a preencher sem esforço qualquer espaço com a energia do segundo círculo. Se sentir uma falta de coordenação com a respiração ao realizar o exercício, acrescente o balanço do braço, mantendo-o abaixo da linha do ombro. Isso rapidamente colocará você em sua respiração.

Depois desses exercícios, você deverá sentir que trabalhou as costelas. Há uma versão bem menor do abraço que abriu suas costas. Esta pode ser realizada em público, sem que ninguém perceba o que está fazendo, e pode salvá-lo quando estiver sob pressão e sob o risco de perder seu poder e sua presença.

- Sente-se numa cadeira com os pés totalmente conectados sobre o chão e a coluna naturalmente ereta.

- Incline-se para frente e ponha os cotovelos sobre os joelhos. Respire nessa posição e você abrirá as costas e levará a respiração para a parte inferior do corpo.

Acredito fortemente que, se você não consegue abrir a parte de trás de suas costelas, então não tem chance alguma de combater plenamente o medo ou o estresse.

Exercícios de capacidade

É fundamental para este livro a crença de que quase todas as pessoas não usam a voz de forma plena e ficam desapontadas quando a comunicação é realmente importante. Um dos resultados físicos mais básicos do mau uso da voz é uma redução drástica da capacidade de respiração sustentável.

Todos nós precisamos de capacidade respiratória se quisermos falar com paixão em espaços maiores. Espaço e paixão exigem mais respiração e oxigênio, e como não nos expressamos dessa maneira todo dia, a capacidade desaparece. Assim, em momentos de paixão ou de discursar para um grande número de pessoas, muitos se veem sem ar e até ofegantes.

Alguns oradores evitam a falta de ar planejando em que momentos poderão tomar fôlego. Isso pode funcionar, mas é muito controlador e não é natural, distraindo, portanto, tanto o orador quanto o público. Em um mundo ideal — e estou planejando colocar você nesse mundo — seu sistema respiratório deve ser tão bom, que funciona em qualquer situação. Você não tem que notá-lo nem se preocupar com ele. Com isso em mente, vou incentivá-lo a investir em três importantes exercícios de capacidade. Eles são realmente repetitivos e podem parecer entediantes, mas proporcionarão tanta liberdade à sua comunicação, que você abençoará o trabalho que fará agora, principalmente quando enfrentar desafios inesperados em apresentações.

Ao fazer esses exercícios, lembre-se das seguintes regras:

- Nada de tensão nos ombros ou de levantá-los, particularmente ao inspirar.

- Nenhum ruído ofegante deve ser feito ao inspirar.

- Não faça nenhuma contração da coluna, da parte superior do peito, dos ombros ou da mandíbula ao exalar.

- Trabalhe sempre expirando com a prontidão da respiração e tomando ar quando necessário — portanto, nunca vá além de seu apoio.

Você pode fazer esses exercícios em pé, empurrando uma parede, segurando uma cadeira acima da cabeça, balançando os braços, caminhando ou sentado, contanto que a parte superior de seu corpo permaneça relaxada. Se sentir que a tensão não está cedendo, deite no chão com as pernas apoiadas na cadeira e faça os exercícios.

- Inspire calmamente e, quando sentir a prontidão suspensa da respiração, solte o ar durante dez segundos num "s" suave. Se não conseguir chegar a dez segundos, vá até onde conseguir com o apoio. Isso não é uma competição e sua capacidade aumentará e se fortalecerá quando você estiver mais preparado. Aumente para vinte segundos, permanecendo consciente de manter a expiração firme e sustentada. Oradores profissionais — como atores de teatro — mantêm uma capacidade de trinta segundos como medida de preparo. Fazendo o exercício regularmente, você conseguirá dobrar sua capacidade em um mês.

O primeiro exercício aumenta sua capacidade, mas você está fazendo apenas uma expiração.

Às vezes, a necessidade de um discurso exaltado e veemente exigirá um nível de preparação com uma expiração em plena capacidade diversas vezes em um evento. Portanto, você tem que se preparar para ficar em melhor forma.

- Mantenha todos esses princípios em seu corpo e sua respiração e agora exale em "z" três vezes seguidas. Inspire, comece a expirar quando estiver pronto, vá até onde consegue sem perder o apoio e, em seguida, inspire, comece de novo e repita. Com apenas um único ciclo deste exercício, você sentirá que o trabalho foi feito e que as teias de aranha estão saindo de seu sistema respiratório.

- Aumente para sete respirações desse tipo, uma após a outra. Cuidado para, entre uma expiração e outra, não puxar o corpo para trás ou mesmo andar para trás. Mantenha um ponto de concentração fora de você, de modo a continuar soltando para o espaço.

- Fazendo da maneira correta, você se sentirá alegre e mais vivo depois do exercício.

- É normal, neste momento, apanhar um livro ou jornal e ler em voz alta com o fluxo livre e a respiração poderosa. Isso demonstra o quanto a respiração pode ser livre e vibrante quando adequadamente engajada.

O próximo exercício pode ficar para mais tarde, já que é atlético! Se conseguir fazê-lo sem sentir tensão nos ombros e na parte superior do peito, você começará a ter confiança de que seu sistema respiratório pode funcionar sob pressão e responder à maioria das exigências que lhe forem feitas. A essência do exercício é o ritmo da respiração e a recepção do que você precisa. Se durante o exercício você sentir tensão, pare, porque não conseguirá vencê-la e ela só provará ser contraproducente.

- Fique em pé, centrado e pronto.
- Inspire o bastante para contar "um".
- Restabeleça-se o mais rápido que puder e na parte mais inferior do corpo possível e conte "um, dois".
- Restabeleça-se o mais rápido que puder e conte "um, dois, três".
- Dessa maneira, vá até dez.
- Quando chegar a dez, repita esse número e, em seguida, tente um ritmo maior e conte até nove.
- Restabeleça-se e conte até oito.
- Restabeleça-se e conte até sete, até voltar a um.
- Se conseguir fazer isso sem tensão, deverá se sentir muito presente em sua respiração.
- Repita e procure, com o passar do tempo, chegar a 15.

Ler em voz alta depois disso fará você se sentir maravilhosamente conectado consigo mesmo e sentir a respiração orgânica conectada aos pensamentos e sentimentos do texto. Com essa respiração, você poderá até entender melhor suas palavras e seus pensamentos. Quando você respira mais plena e naturalmente, pensa e sente de maneira mais clara e vívida.

Resumo

- A respiração é o mecanismo que libera seu poder ao mundo, transferindo energia para fora.

- Mantenha sua respiração regular e equilibrada, inspire e expire refletindo, em intensidade, extensão e profundidade, uma ação na outra.

- Concentre-se em sua respiração utilizando as sensações aprendidas no trabalho de chão e aumente a capacidade e o poder de sua respiração por meio de exercícios atléticos e dinâmicos.

VOZ

Você nasceu com uma voz maravilhosa, livre, expressiva e poderosa. Se precisar de um lembrete disso, simplesmente ouça o choro de um bebê. Todo aquele poder, alcance e vigor vindos de um corpo pequenino e de costelas e cordas vocais diminutas!

Se lhe falta voz de algum modo é porque as tensões de seu corpo e sua respiração a contraíram e bloquearam. Sua voz pode lhe faltar de várias maneiras, e todas afetam sua presença e seu poder. Qualquer falha vocal o amedronta já que, se sua voz não funciona, você também não funciona. Se sua voz fica ruim ou se cansa facilmente, se é baixa ou alta demais, se não soa adequada ao que você está dizendo, se incomoda os ouvintes ou se é facilmente ignorada, você não está presente nela.

Com o trabalho de corpo e respiração que já fizemos, sua voz melhorou, mas para ampliar realmente sua eficiência em comunicação você tem que entender o que sua voz faz com os ouvintes e como o som dela cria um julgamento imediato — um ligar ou desligar. Quando não está livre, o som de sua voz não reflete realmente o que você é, mas os outros vão achar que aquele é realmente você. Sua voz defeituosa comunica ao mundo uma pessoa defeituosa. Sua voz é a ponta de um iceberg. Por trás dela está todo o seu ser, e é doloroso quando ela não serve a você inteiramente. Nunca é tarde demais para encontrar sua voz completamente livre.

Muita gente me diz: "Sou muito mais interessante do que soo" ou "Minha voz me desaponta". Devo dizer que toda semana, quando não todo dia, encontro pessoas brilhantes, poderosas, gentis e agradáveis que são ignoradas, mal interpretadas ou rejeitadas por causa do som de suas vozes. Explicando de maneira simples, elas não são totalmente conhecidas ou exploradas por outras pessoas devido a uma pequena tensão em suas vozes. São julgadas e abandonadas por não ser fácil ouvir a voz delas. Por isso, é essencial aprender sobre sua voz e seu som, e isso significa que você precisa trabalhar para libertá-los.

Vamos começar com o conhecimento que você tem sobre sua voz. Quais são as reações a ela? Se você tem os hábitos físicos e respiratórios do primeiro círculo, a reação à sua voz será um das seguintes, ou talvez todas elas:

- Frequentemente é difícil ouvi-lo.
- Frequentemente lhe pedem para repeti o que diz.
- Sua voz dá sono nas pessoas e você consegue até ver os olhos delas se fechando quando fala durante algum tempo.
- As pessoas se inclinam para frente para ouvi-lo.
- Pode ser que sua voz seja descrita como doce, agradável ou "de menina", mas com essas qualidades vocais ninguém espera que você diga algo importante.
- Sua voz pode soar indistinta ou como um sussurro.
- Sob pressão, sua voz pode ficar ainda mais fraca, mais alta ou estridente, ou dar um nó em sua garganta e até mesmo obstruí-la.

Suas próprias reações à sua voz, quando esta não funciona, incluem raiva por estar sendo ignorado, e essa raiva pode forçar sua natureza geral de primeiro círculo a entrar em um agressivo e duro terceiro círculo, o que vai fazer as pessoas se desligarem ainda mais! Temo que a dura verdade seja que, se você tem uma voz no primeiro círculo, depende da sensibilidade e bondade das pessoas para que elas prestem atenção em você. Portanto, se está se dirigindo a pessoas menos sensíveis, que não precisam escutá-lo, elas vão se desligar. Do ponto de vista delas, não estão recebendo qualquer ajuda sua, então por que deveriam se importar em prestar atenção?

Em suma, se você está no primeiro círculo e usa sua voz no primeiro círculo, nunca conseguirá competir em arenas de grande poder e pressão. Pode ser que tenha obtido sucesso em sua carreira até agora usando o primeiro círculo em encontros interpessoais gentis como um ouvinte sensível e uma caixa de ressonância. Pode ser que sua voz só tenha se tornando uma questão importante quando você foi promovido e solicitado a se dirigir a grupos com clareza e paixão, demonstrando seu pleno poder e suas qualidades de liderança. Os únicos líderes capazes de lidar com uma voz no primeiro círculo que conheci são aqueles que nasceram para liderar e nunca tiveram que trabalhar para serem dinâmicos ou generosos em seu estilo de comunicação. Eles supõem — em algum lugar muito profundo deles próprios — que têm o direito de ser líderes e que não precisaram trabalhar a si próprios de algum modo para justificar essa posição. Isto não satisfaz as pessoas que lideram, uma vez que a maioria daquelas que são submetidas a líderes do tipo "nasci para liderar" têm raiva desta suposição, mas se sentem impotentes para lidar com isso. Curiosamente, o comunicador "nascido para liderar" só consegue sobreviver em bons tempos; quando uma crise o atinge, ele tem que se tornar ativamente presente ou então é afastado. Neste momento, tenho recebido muitos pedidos de ajuda de pessoas que sempre supuseram que seu poder era um fato consumado e que não precisavam trabalhar para se comunicar. Elas já não supõem isso. Mesmo que você seja brilhante no que faz, os tempos exigem que lidere com clareza vocal e humanidade, ou seja, com presença no segundo círculo.

Muitas mulheres são bem-sucedidas em suas carreiras sendo atenciosas gerentes no primeiro círculo e enfrentam todos os problemas de voz deste círculo quando são promovidas a posições superiores. Comecei a notar que homens sensíveis sofrem da mesma maneira. Eles aprenderam a ser atenciosos e a ficar no primeiro círculo e, ao serem promovidos, lutam para encontrar sua plena presença e poder.

As reações à voz no terceiro círculo estão entre uma das seguintes, ou em todas elas:

- Sua voz empurra as pessoas para trás. É demasiadamente invasiva, penetrante e alta. E se você tiver alguma sensibilidade, deve ter visto pessoas recuando quando se apresenta.
- Crianças com ouvidos sensíveis tapam os ouvidos quando você se apresenta.
- A plateia se inclina para trás, para o primeiro círculo.
- Sua voz desafia interrupções, de modo que a plateia fica com um sentimento de resignação por não conseguir participar e afetar você, ou então você acha que as pessoas de repente ficam agressivas. Em outras palavras, você provoca o habitual primeiro ou terceiro círculo em seu público porque este não pode estar presente para você.
- É possível que as pessoas gostem de sua energia, porque esta pode ser entusiasmada ou engraçada, mas elas não ouvem o conteúdo. Apenas experimentam sua energia geral.
- Sua voz pode ser comentada e até elogiada, mas suas palavras e ideias se perdem.
- Sua voz pode ser bonita, mas, no terceiro círculo, a beleza sem significado não tem utilidade para uma apresentação poderosa e não é autêntica.
- Sua crença na capacidade de soltar uma energia vocal está atrelada à crença de que as plateias têm que ser controladas e domadas.
- Você fala diante deles — e não para eles.

- Pode ser que seu estilo vocal lhe sirva bem, mas, de algum modo, você sabe que é uma pessoa que interrompe os outros e que não é um ouvinte muito bom.
- Ao se apresentar, você acha que tem todas as respostas.
- Em algum momento, provavelmente em situações envolvendo duas pessoas, você recebeu uma crítica negativa por sua falta de sensibilidade vocal.

Sua energia vocal generalizada já não está funcionando. Nunca funcionou, porque você falava para pessoas tomando-as como inferiores e ninguém ousava dizer isto a você. Colegas de status superiores provavelmente acham você e sua voz cansativos e isso começou a minar sua confiança. Acredito realmente que o trabalho de abandonar esses hábitos de força é muito difícil para habituais comunicadores do terceiro círculo, porque exige uma humildade e sensibilidade que a maioria dos oradores do terceiro círculo nunca teve tempo ou motivo para adquirir. Em sua maioria, os oradores do terceiro círculo me procuram porque não conseguem progredir se não se tornarem melhores líderes de equipes; as pessoas com as quais eles trabalham não confiam neles. Eles ouviram comentários sobre sua insensibilidade com os outros e sobre seus momentos de raiva. Muitos tiveram que enfrentar o duro fato de serem percebidos como intimidadores. Assim, eles me procuram porque o terceiro círculo os tornou solitários. Prometo que quando você abandonar esse poder cosmético, terá mais sucesso, será melhor, um líder mais humano, não estará sozinho e conseguirá pedir ajuda.

Libertando sua voz

A primeira etapa para colocar sua voz no mundo é libertá-la de qualquer tensão. Agora você atuará na próxima etapa de sua presença e poder e, quando fizer esse trabalho de voz, será *essencial* checar continuamente as etapas anteriores de sua prática, mantendo o corpo e a respiração no segundo círculo. Quando está trabalhando em áreas isoladas de seu ser, é sempre fácil esquecer a conexão com você como um todo. A voz está abrigada no corpo e é fortalecida pela respiração. Ao trabalhar, lembre-se constantemente desses elementos.

Em primeiro lugar, precisa começar a entender onde e como prende sua voz. Esse conhecimento não apenas é essencial quando você trabalha para libertá-la, como lhe dará uma chance de monitorar e corrigir sua apresentação, particularmente quando estiver sob pressão, em momentos importantes da comunicação.

Voz no primeiro círculo

A energia de sua voz está implodindo, sendo puxada para trás, para sua garganta, sua boca ou seu peito. Sua voz raramente toca seus lábios, que dirá o mundo, então é quase impossível alcançar articulação e fala claras.

A retração da energia vocal será sentida na boca. Provavelmente você perceberá a mandíbula contraída e a garganta travada. A expressão "nó na garganta" é uma descrição precisa do bloqueio que sente e é algo intensamente experimentado quando uma voz no primeiro círculo tenta expressar uma emoção apaixonada. Você se sente como se engolisse as palavras e, depois de um uso prolongado, sua voz fica cansada ou mesmo rouca.

Voz no terceiro círculo

Se estiver forçando o som ou empurrando-o para fora, sentirá uma fricção na garganta. Quando você faz muito isso, pode ter uma dor na garganta ou mesmo perder sua voz parcial ou totalmente depois de apresentações ou reuniões estressantes. Embora você possa emitir sons altos, sentirá sua voz imóvel, e ela soará assim. Com isso, quero dizer que a extensão e o volume ficam presos, de modo que não há variação alguma na voz nem habilidade para reduzir o volume. A voz fica em um único lugar e se recusa a sair daí. Pode ser que chegue à frente de sua boca e que você consiga falar claramente, mas a clareza é controlada demais. Você sente a articulação pesada e ela soa dessa forma. Quando se apresenta, seu instinto é trabalhar demais, e esse esforço pode ser sentido em todo o corpo: peito preso demais, respiração forçada e presa, pescoço e mandíbula empurrados para frente e até a parte de trás de sua língua fica presa.

Quando você está livre e coloca sua voz, um dos maiores conflitos é "não estou falando alto o bastante, ou fazendo o bastante, não pode ser assim tão fácil". Pode ser fácil, contanto que o trabalho esteja nos pontos corretos, do apoio respiratório e da colocação da voz. O que o trabalho vocal está querendo alcançar é uma liberação sem esforço, fortalecida pela respiração, sendo feita de forma eficaz e no lugar certo. Eis uma imagem. Veja um cisne nadando num lago. O corpo acima da água está relaxado e sereno, porém sob a água os pés estão trabalhando duro, mas com eficiência.

O trabalho

- Sente-se com sua coluna no segundo círculo, com os ombros relaxados e a parte superior do peito aberta.

- Seus pés devem estar no chão, com uma concentração de energia na frente, sobre a sola. Respire para baixo e calmamente, identificando os momentos em que a respiração está suspensa e pronta. Fique nessa posição e mova-se através de alguns processos da imaginação.

- Sem realmente falar, imagine que está prestes a dizer algo e perceba as reações que são desencadeadas na garganta, na mandíbula, no rosto e na língua. Essa verificação pequena e sutil poderá lhe dar uma percepção clara daquilo que a expectativa de falar frequentemente é o bastante para revelar: suas tensões cruciais. Tente identificar até mesmo os menores bloqueios ou tiques advindos delas. Esses pequenos tremores de tensão muscular serão de enorme utilidade quando esse trabalho continuar. Há algum sinal de fechamento em sua garganta, estreitando ou forçando para frente a mandíbula, apertando os músculos faciais ou contraindo a língua?

- Agora acrescente mais pressão a essa expectativa e imagine que você tem que dizer algo à pessoa com a qual mais teme falar. Isso vai expor mais claramente suas tensões. E estas serão sentidas no corpo e na respiração, mas respire através delas para descobrir a tensão vocal no alto da respiração. Provavelmente sentirá um engolir e retrair do primeiro círculo ou um fechamento e constrição do terceiro círculo que você está disposto a vencer — o equivalente a uma convocação vocal de armas para se defender de qualquer invasão ou ataque.

- Agora imagine que o melhor ouvinte que já teve em sua vida está presente na sala e verifique se alguma tensão se desfaz com a sensação de paz, com a consciência de que você está sendo ouvido e aceito. Se conseguir identificar um relaxamento, fique com ele e, lembrando-se de respirar, realize a próxima série de exercícios. Se não sentir qualquer relaxamento no último exercício, ainda assim trabalhe os músculos vocais, permanecendo conectado à respiração.

- Massageie suavemente o rosto. Faça isso durante algum tempo e preste atenção especialmente à mandíbula e à região entre os olhos. Depois da massagem, verifique se sente seu rosto diferente.

- Massageie suavemente a região posterior do pescoço e, em seguida, com extrema suavidade, todo o pescoço. Sinta a laringe e massageie em torno dela com bastante cuidado. Massageie sob o queixo e comece a relaxar a parte de trás de sua língua através da parte inferior do queixo. Depois dessas massagens simples, verifique como você sente seu rosto e seu pescoço.

- Nesta etapa, olhe-se no espelho e veja se você parece diferente.

- Tencione novamente seu rosto, sua mandíbula ou sua língua caso identifique essas partes como tendo a energia bloqueada. Pode ser que observe como suas tensões põem uma máscara em seu rosto para enfrentar o mundo.

- Procure particularmente tensões entre os olhos e na testa.

- Olhe para a mandíbula, observe se os dentes estão trincados, se você está puxando para trás os músculos da bochecha ou até se está precisando sorrir!

- Os lábios estão apertados demais, contraídos ou soltos?

- Olhe para o pescoço e veja se ele está esticado ou tremendo de tensão.

- Usando o espelho para checar constantemente, passe para a próxima série de exercícios.

- Contraia todos os músculos faciais e, em seguida, relaxe-os sem recolocá-los na forma usual. Assim que sentir necessidade de reestabelecer qualquer tensão, você terá voltado para seus costumes. Mesmo que não consiga sentir essas tensões, você verá seu hábito em ação no espelho. Faça isso pelo menos três vezes.

- Puxe seus lábios para frente e, em seguida, para trás, numa careta. Repita isso três vezes. Deixes que eles encontrem seu lugar, não os recoloque no lugar que você acha "certo". Sinta e veja esses exercícios.

- Abra a boca o máximo possível e depois relaxe. Repita isso três vezes. Onde sua boca quer ficar?

- Estique sua língua pondo-a para fora da boca e tentando mantê-la paralela ao chão. Repita isso três vezes.

Depois dessa sequência de exercícios, volte a descansar e perceba qualquer mudança na posição dos músculos. Seus lábios devem estar juntos, mas sem trincar os dentes. O rosto não deve estar alterado e, portanto, ao olhar para si mesmo, ele estará neutro. O rosto está aberto, mas sem transmitir qualquer emoção ou atitude. Sua máscara facial está começando a cair.

O próximo exercício começa a tirar qualquer tensão de sua garganta, abrindo-a, e será eficaz sob pressão, quando você se sentir fechando ou querendo vencer a tensão.

- Cheque se seu corpo e sua respiração estão no segundo círculo.
- Retorne ao rosto neutro.
- Lentamente, comece a sorrir até sentir os músculos da bochecha se abrirem num sorriso largo, mas com os lábios fechados. Você sentirá o sorriso em suas orelhas.
- Aos poucos, mas mantendo o sorriso largo, abra a boca o máximo que puder sem fazer força. Uma referência é que o espaço deve sempre acomodar a largura de dois dedos em sua boca. Porém, se essa extensão for excessiva, relaxe a mandíbula com a maior abertura possível sem pressão.
- Relaxe a mandíbula e volte ao rosto neutro, sem apertá-la ou sem apertar a parte de trás do pescoço.
- Nessa etapa, a maioria das pessoas consegue identificar pequenos pontos de tensão que querem se reintroduzir na mandíbula ou na garganta. É essencial que eles não reapareçam, portanto faça o exercício até conseguir controlá-los.

Repita esse exercício acrescentando uma qualidade de respiração muito crucial, que será uma clara referência para manter seu instrumento vocal aberto.

- Sorria, abra a boca e, com a boca o mais aberta possível, inspire e expire *silenciosa* e *lentamente*. Nenhum barulho e nenhuma pressa. Não deve haver qualquer indício de algo raspando ou qualquer respiração ofegante, porque, quando você ouve algum som ao inspirar ou expirar, há algum tipo de fechamento na passagem de ar e este se traduzirá numa obstrução na voz no momento em que você a usar, particularmente sob pressão, e quando precisar recorrer a seu pleno poder.

- Se você consegue ouvir um som, relaxe novamente os ombros, o pescoço e a parte superior do peito e ajude a garganta a expandir, imaginando um bocejo. Isso abrirá você. Quando você consegue permitir que o fluxo de ar entre em seu corpo silenciosamente, sente um canal de ar indo do abdômen inferior para o mundo exterior. Você está aberto e permitindo que o ar, que é energia, entre em seu corpo e depois, saia dele livremente para o mundo, sem bloqueios. Você está conectado a si mesmo e ao mundo através do ar que sai livremente.

- Quando voltar ao estado neutro, conte até dez em voz alta com esse canal aberto. Sentirá que sua voz já começou a ficar mais livre.

- As vozes do primeiro círculo sentirão uma nova riqueza em seu som. As do terceiro círculo vão experimentar uma nova facilidade.

Repita este exercício e agora acrescente um relaxamento da língua.

- Sorria, abra a mandíbula, inspire e expire em silêncio e, em seguida, estique a língua completamente sobre o queixo, mas sem machucá-la.

- Quando tiver esticado a língua, relaxe-a e, sem sua ajuda, ela deslizará para dentro de sua boca e encontrará sua posição no fundo da boca, com a parte de trás relaxada e menos volumosa. Repita isso três vezes.

- A parte de trás da língua é enorme e, sem essa esticada, ela pode bloquear sua voz e constringi-la ou contê-la. Oradores do primeiro círculo permitem que a língua puxe para trás a energia da fala e oradores do terceiro círculo atravessam esse bloqueio.

- Agora conte alto novamente e você deverá sentir que sua voz abriu ainda mais. Está mais rica e com menos esforço.

Durante esses exercícios, você provavelmente terá uma sensação de bocejo e talvez use isso como uma maneira de abrir a voz. Usamos o bocejo porque é uma maneira natural de o corpo abrir a garganta e receber mais oxigênio. É por isso que você boceja quando está tentando ficar acordado ou mesmo quando está enfrentando grandes emoções. O corpo está reagindo com um bocejo buscando fazer a garganta abrir e receber mais oxigênio para lidar com a situação.

Você pode usar o bocejo como uma técnica confiável para abrir sua garganta e libertar sua voz. De fato, décadas atrás, atores eram treinados para falar à beira de um bocejo, para conseguirem manter a voz relaxada. O lado negativo desta técnica é que esses atores soavam abertos demais e também pomposos. Obviamente, não quero que você soe assim, mas imaginar um bocejo pode desencavar e relaxar uma tensão em sua voz. Esta técnica salvou muitas vozes por promover um relaxamento imediato e por ser capaz de impedir que uma tensão profunda prejudique as cordas vocais. Um homem que me contratou para livrá-lo de seu comportamento intimidador relatou que a técnica do bocejo lhe era útil quando ele descobria que queria agredir. Ele identificou que os primeiros sinais de agressão eram a contração de sua mandíbula e o fechamento da garganta. Ao pensar no bocejo, ele relaxava essas tensões e parava de se dirigir às pessoas de maneira inadequada.

Portanto, experimente fazer isso e lembre-se de respirar plena e silenciosamente ao fazer este exercício.

- Pense no bocejo e, quando estiver prestes a bocejar, comece a falar. A rigor, você está falando à beira de um bocejo.

- Tente contar números imaginando o bocejo. Sua voz soará estranha, mas o instrumento vocal em sua garganta estará mais livre.

- Em seguida, conte sem o bocejo e sua voz estará muito mais livre.

Com o tempo, a técnica do bocejo será tão sutil, que, quando sua garganta estiver se fechando, você poderá relaxá-la simplesmente pensando no bocejo. Você pode usar essa técnica quando uma tensão se formar em sua garganta antes de falar, ou quando uma emoção estiver começando a destruir sua capacidade de manter o controle de uma situação.

Você pode usar a técnica do bocejo até mesmo para impedir aquelas tosses ameaçadoras e sufocantes que surgem quando você está num teatro ou num concerto!

Depois de fazer todos esses exercícios, seu instrumento vocal estará mais aberto. No entanto, você precisa ampliar ainda mais sua voz para colocá-la na presença do segundo círculo. Muitos apresentadores falham por não aquecerem suas vozes. Todos nós sabemos que não podemos fazer nenhuma atividade física prolongada sem um bom aquecimento físico. O mesmo princípio se aplica à voz. Sem um aquecimento, sua voz vai desapontá-lo.

Este zumbido é um aquecimento vocal básico, e você aprenderá a aquecer sua voz com um zumbido antes de qualquer apresentação que exija esforço.

- Sobre a respiração, e junto com ela, comece a zumbir suavemente.

- Continue respirando e, cada vez que sentir a voz se contrair enquanto estiver zumbindo, cheque todas as áreas de tensão até conseguir manter um zumbido suave, mas contínuo, sem tensão. Fique zumbindo até sentir que a voz sai suavemente e pode ser sustentada.

A voz é como aqueles carros antigos que engasgavam: até aquecer, o carro ficava emitindo explosões e engasgando. Continue até que o zumbido saia sem hesitação. A voz aquece durante o dia, portanto eventos de manhã cedo exigem mais aquecimento. Em certos dias, isso demorará alguns minutos. Em outros, poderá demorar mais de dez minutos. A voz também precisa de hidratação, portanto funcionará melhor se você beber muita água em temperatura ambiente (água gelada não ajuda a "aquecer").

Se em algum momento sentir a voz se fechar, pare e verifique se há tensões no corpo, na respiração e na voz, relaxe-as e continue.

- Quando sentir a voz aquecida pelo zumbido, levante-se e caminhe com energia até sentir-se realmente em seu corpo do segundo círculo.

- Pegue algo para ler e fique ao lado de uma parede.
- Ponha uma mão contra a parede e empurre-a suavemente até sentir sua respiração se engajar.
- Leia em voz alta empurrando a parede, monitorando o tempo todo suas tensões e, se necessário, parando para relaxá-las.
- Depois de ler por noventa segundos, afaste-se da parede e leia o mesmo trecho.
- A voz estará mais livre, mas os oradores do primeiro círculo poderão sentir que está livre e alta demais, enquanto os oradores do terceiro círculo sentirão o contrário — que a voz não é suficiente e está leve.
- Neste momento você precisa ter confiança. Se sente sua voz mais livre e está respirando, então está melhor. Nesta etapa, você precisa parar de controlar e julgar, para que possa avançar para sua presença.

Agora você já pôs no lugar as três pedras fundamentais de todo trabalho de voz e apresentação: corpo, respiração e voz. Pode ser que queira fazer uma pausa e ficar conectado a tudo o que alcançou com a redescoberta de si mesmo, de seu corpo, sua respiração e sua voz naturais. Pode ser que queira se demorar nesse trabalho, praticar e se esmerar nas etapas que alcançou e trabalhar nelas até senti-las organicamente, antes de passar para as próximas etapas.

Eis duas observações que faço há muitos anos. Se você tende ao primeiro círculo, pode ser que tenha medo de passar para a próxima etapa e fique tempo demais nesse trabalho para evitar a voz do segundo círculo. Já uma pessoa do terceiro círculo é sempre tentada a ir adiante antes de aprender qualquer trabalho profundamente. É impaciente. Portanto, pode ser que você queira hesitar ou avançar rapidamente. Tenha consciência e use sua avaliação para ir adiante ou ficar no trabalho anterior para obter uma conexão orgânica profunda.

Colocando a voz no segundo círculo

Não tenho dúvida de que colocar um som livre no espaço direcionando-o a uma plateia e a um foco específico pode ser algo assustador. Se está acostumado ao primeiro círculo e à implosão de sons e palavras dele, não está arriscando nada ao falar — suas palavras não estão lá fora, portanto o que você diz não importa! Se sua voz, através de filtros de tensão forçada, deixa você no terceiro círculo, então as pessoas ouvem suas palavras através de uma distorção do som e esta acaba defendendo você da reação delas. Através de suas palavras, ninguém conhecerá realmente sua autenticidade, seu coração, o que você pensa ou sua vulnerabilidade. Assim, falar não representa risco algum. Você não tem que sustentar o que diz!

É bom nos lembrarmos de algo em que os gregos antigos acreditavam: quando você põe suas palavras no mundo livremente e as direciona a alvos específicos, elas criam o que está sendo dito enquanto você as diz. No momento em que você fala, sua verdade existe, suas palavras ganham vida.

Essa maneira de falar é extremamente difícil em um mundo que não quer verdade, paixão ou seriedade. Mas é a única maneira de comunicar se você quer transformar qualquer pessoa ou qualquer situação. Acredito que o mundo pode ser salvo com palavras do segundo círculo. Aí esta a esperança, mas se não permanecemos presentes com nós mesmos e nossas palavras, não há esperança alguma de qualquer nível de transformação e ação. Na verdade, todos ficamos sem poder e só lidamos com o poder cosmético e sem importância.

Ninguém quer um líder, uma pessoa mais velha, um pai ou uma mãe que não consegue — quando solicitado — falar com poder, clareza e autenticidade.

Vamos tentar nos colocar clara e autenticamente no mundo.

Sua voz sai de você num arco. Move-se para cima e para fora e, quando tem presença, toca um alvo no espaço. Você sabe disso se algum dia já teve que chamar alguém que estava distante. Imagine lançar um dardo: você o lança num movimento em arco e ele atinge o alvo. Esse lançamento é como você coloca sua voz.

"Lançando" sua voz

- Fique em pé e encontre um ponto do outro lado da sala um pouco acima de sua linha de visão.

- Ao se fixar nesse ponto, incline suavemente seu corpo para frente, na direção dele. Entre nesse ponto através da imaginação de seu corpo. Você sentirá isso dos pés à cabeça. Permaneça atento a esse ponto ou alvo.

- Agora respire para esse ponto. Ao fim de cada respiração, permaneça conectado livremente ao ponto. Não se desvie nem se afaste do alvo (primeiro círculo) nem prenda seu corpo e force a conexão (terceiro círculo).

- Comece a zumbir livremente para o ponto até sentir uma vibração em seus lábios. Isso significa também que a mandíbula precisa estar livre Quando você sente uma vibração contínua nos lábios, isso indica que a voz está pronta para sair de você e entrar no mundo.

- Aproxime-se de uma parede e repita o exercício de leitura com a mão pressionando a parede.

- Você precisará de pelo menos noventa segundos de leitura para exercitar essa colocação. Depois da leitura, afaste-se da parede e leia para o ponto ou alvo.

- Sua voz deve estar mais colocada e conectada. E você sentirá as palavras mais claras na boca.

Durante a leitura, os oradores do primeiro círculo podem sentir que suas palavras não alcançam o alvo, portanto tente manter a conexão.

Oradores do terceiro círculo talvez tenham que combater uma vontade de forçar para ficar conectados ao alvo.

O próximo exercício é mais revelador. Colocará a voz mais para frente e para fora do que a maioria das pessoas já conseguiu desde que gritava no berço!

- Concentre todo o seu corpo e toda a sua respiração em um ponto ligeiramente acima da linha de visão.

- Inspire e, ao expirar, emita um "ooh". Deliberadamente, mova os lábios para frente, sem os apertar e franzir, mas num funil, de modo que sinta a energia movendo-se para frente em seus lábios.

- Imagine e sinta o som movendo-se até o ponto através de sua respiração: passando pela garganta, virando, passando pelo pequeno "o" formado por seus lábios e saindo.

- Emita uma nota confortável. Você terá sucesso até mesmo se sentir que atingiu o ponto com sua voz durante alguns segundos. Sua voz está agora no segundo círculo e presente *para o* mundo e *no* mundo.

- Repita esse "ooh" várias vezes. Este é um exercício que você fará sempre que precisar colocar sua voz.

- Depois de várias expirações, comece a monitorar sua energia de forma mais precisa. O "ooh" está atingindo o alvo, mas cai logo depois? Você conseguirá sentir isso claramente com o "ooh", mesmo que não consiga sentir na fala. O equivalente na fala é o indesejado declínio da voz, quando as frases vão decaindo. É impossível ouvir. É um beijo vocal da morte, entediando ou adormecendo a plateia, num desespero pessimista!

- Imagine ser capaz de terminar o som ou a palavra fora de você, e não puxando-os de volta (primeiro círculo). Tenha cuidado também para não empurrar ou forçar a energia, o que o levará para o terceiro círculo.

- Neste momento, o exercício de empurrar que você fez tem uma utilidade nova e dinâmica. Aproxime-se de uma parede e empurre-a suavemente, engaje a respiração e, em seguida, solte o "ooh". O contato de sua mão com a parede será uma orientação maravilhosa sobre se o som está caindo ou sendo forçado de maneira errada. O som é físico, e você sentirá sua energia através da mão. Um orador do primeiro círculo sentirá a mão se afastando da parede. Oradores do terceiro círculo estarão empurrando com muita força e contraindo a parte superior do peito, o pescoço e a mandíbula. Muitos oradores confiam nesse ato de empurrar e no "ooh" para preparar sua presença vocal.

Isso está prestes a ficar mais difícil, mas também mais revelador e útil à sua compreensão de sua voz e sua presença. Você agora está pronto para evoluir em todos os exercícios que fez. O corpo, a respiração, a voz livre e a colocação.

Este exercício não apenas vai preparar você para qualquer desafio vocal, como lhe ajudará a descobrir todos os hábitos vocais profundos que o limitam. Fazer este exercício lhe dará uma base fantástica de relaxamento vocal no segundo círculo que mudará sua capacidade de comunicar diretamente em todas as circunstâncias.

- Repita tudo o que fez até agora. Ou seja, ponha um "ooh" no ponto pouco acima de sua linha de visão.

- Agora passe do "ooh" para um "ah" aberto, mantendo o som aberto e livre. Não é algo tão fácil de se fazer quanto parece. Quando você passar do "ooh" para o "ah", poderá querer retirá-lo de volta para sua boca e sua garganta ou controlá-lo exageradamente e forçá-lo com tensão. O "ah" nos faz sentir emocionalmente vulneráveis, e as respostas que você registra em sua voz são claras e inflexíveis. Pode ser que você precise passar semanas experimentando a passagem do "ooh" para o "ah", mantendo o som aberto para frente e sustentando-o até o alvo.

- Pode ser que precise usar a técnica do bocejo para manter o som livre.

- Envie o "ooh" e o "ah" para diferentes pontos na sala.

- Use o exercício de empurrar a parede ou o ato de arremessar como uma liberação de energia física.

- Solte o ar em "ooh" contando até três e passando para o "ah" continuando a contagem até sete. Quando conseguir fazer isso, experimente diferentes notas e diferentes níveis de volume.

Esses exercícios básicos vão aumentar a capacidade e a consistência de sua força muscular em todo o aparelho vocal.

O próximo exercício combina todos os processos técnicos que foram trabalhados até agora. É o exercício de entoar, o que significa soltar o ar com toda a respiração, com uma voz aberta e colocada em uma nota. Esse relaxamento fluido é como um canto de uma nota só. É um movimento pleno e fluente de sua voz. A voz humana é feita para entoar e cantar e, portanto, esta é a posição vocal mais natural e libertadora que você pode adotar. Muitas pessoas têm tanto medo de cantar — o que é semelhante a entoar — que se esquecem de usar a voz em sua forma mais poderosa.

- Concentre-se totalmente num ponto acima de sua linha de visão.

- Comece enviando uma série rápida de "má, má, má, má" para esse ponto.

- Agora passe de "má" para "mu".

- Usando uma única nota confortável, solte uma série de palavras entoadas para esse ponto. Isso pode ser feito contando números ou lendo um verso. Eis um:

"Rola, Oceano profundo e azul sombrio, rola."
                                        Lord Byron

Respire e entoe várias vezes. Repita até sentir a voz e a respiração livres e fluindo.

Entoe os números ou o verso e depois inspire e diga as palavras para o ponto. Repita esse processo. Entoe e, em seguida, fale.

Agora entoe o verso e passe para a fala na mesma respiração.

Mesmo depois de alguns minutos desse processo, sua voz começará a fluir para fora de você com seu poder natural e liberdade.

Entoe um trecho inteiro de um texto que dure pelo menos dois minutos — lembre-se de respirar quando necessário e de manter a garganta aberta, talvez pensando no bocejo.

Quando terminar a leitura, e antes de ter tempo para pensar ou refletir sobre o exercício, fale o texto.

A voz estará mais encorpada e livre e também se expandirá para o mundo.

- Quando você entoar, terá que combater seus hábitos — os demônios de se retirar (primeiro círculo) ou empurrar (terceiro círculo) — e essa batalha continuará enquanto você falar. Entoando, você vai preparar sua voz para todos os contatos vocais que fizer, e este exercício será essencial para você durante anos.

- Mesmo depois de poucas semanas repetindo esse trabalho, você já poderá sentir um fortalecimento e enriquecimento na voz.

Talvez queira fazer uma pausa aqui antes de ampliar sua voz. O que você trabalhou até agora vai, de fato, melhorá-la, mas quando estiver pronto para continuar, poderá trabalhar sua ressonância e seu alcance.

Ressonância e alcance

Para ir ainda mais longe e ter uma voz eficiente, precisa revelar todo o potencial dela. Esse potencial está no uso pleno da ressonância e do alcance de sua voz.

Sua voz tem muito potencial perdido. Descrevo a maioria das vozes que ouço como enferrujadas, empoeiradas e cheias de teias de aranha. As teias de aranha têm que ser sopradas para longe, para que você e o mundo ouçam seu potencial vocal completo. Quando sua voz estiver livre e conectada a você, ao seu corpo, à sua respiração e ao mundo no segundo círculo, ela se moverá livre e organicamente, com pensamento e sentimento. Sua voz se tornará um reflexo claro de sua autenticidade e paixão, e soará adequada ao que está sendo dito. Assim, ela corresponderá ao que está sendo pensado, sentido e falado.

Algumas pessoas que falam no terceiro círculo são tidas como donas de vozes "bonitas", mas trata-se, na verdade, de manipulação, e não de autenticidade, e tenho certeza de que você sabe dizer quando uma voz realmente corresponde aos verdadeiros pensamentos e emoções de uma pessoa, à paixão e ao espírito dela, ou quando é uma máscara. Todos nós já estivemos na presença de belos oradores, mas, depois da apresentação, ficamos sem saber do que se tratava seus discursos

A próxima seção de exercícios é destinada a alongar vozes reduzidas e a permitir que sua paixão seja transmitida por sua voz com presença.

Ressoadores

Os ressoadores da voz humana a amplificam, de modo que, quando você os utiliza, a voz fica não apenas mais rica e com mais textura, como também mais fácil de ser liberada no espaço. Uma voz fina não é totalmente ressoada, o corpo da voz não está sendo totalmente usado e, portanto, a vocalização exige mais esforço. Uma voz apertada limita os ressoadores.

Sua voz ressoa através de seu corpo e há cinco principais ressoadores ou cavidades — como a caixa de um violão — que dão energia, volume e diferentes texturas e qualidades à sua voz. Vamos examinar seus ressoadores e o que eles acrescentam a você.

O ressoador do peito dá à sua voz qualidade e textura básicas. Ele indica autoridade e poder. Porém, se usado exageradamente, não ajuda a voz a se projetar no espaço; e, se domina a voz, o ouvinte escuta apenas resmungos abafados de som e a fala sai indistinta. Quando a voz é colocada no segundo círculo, o ressoador do peito fornece uma forte base vocal e textura, sem dominar a voz e fazendo o peito retumbar.

Você pode ouvir oradores do primeiro círculo escondendo tanto sua voz, que ela volta para o peito deles e produz um rangido incoerente, que fica preso na parte inferior do pescoço e na parte superior do peito. Muitas pessoas emitem esse som quando estão exaustas e sem energia para soltar a voz. O uso exagerado da ressonância do peito é comum em oradores do terceiro círculo. A voz é forçada dentro do peito. Isso cria um falso poder, com o som intimidando o ouvinte e levando-o à submissão. Na próxima vez que você perceber essa qualidade numa voz, note que é possível ouvi-la, mas não consegue distinguir totalmente as palavras que estão sendo pronunciadas. Este uso exagerado da ressonância do peito pode ser ouvido como autoritário, ameaçador ou sexy, mas é muito limitador quando usado fora de equilíbrio. Você precisa da ressonância no peito, mas em equilíbrio com o resto da voz. E para ter essa ressonância com um som para frente, precisa de um forte apoio da respiração. O som do peito costuma estar muito na moda, tanto que encontrei pessoas que haviam dito que faltava poder às suas vozes e que estas eram altas demais, e elas empurravam ou forçavam suas vozes dentro do peito. Isso não apenas é contraproducente para a clareza da comunicação como pode realmente cansar e até mesmo danificar a voz. Na prática, é muito difícil ter alguma ressonância no peito quando se tem tensões no ombro ou no peito.

O ressoador da garganta está sempre presente em sua voz. Só há um problema com ele: quando a voz está muito sem energia, ela permanece na garganta e nunca chega à cabeça ou à boca. O resultado disso é que o poder da voz é inexistente, e o discurso claro se torna impossível. Oradores do terceiro círculo forçam suas vozes dentro do peito, trancando o pescoço e o ressoador da garganta. Este hábito tem os sinais reveladores de veias se projetando no pescoço. O ressoador da garganta ruim fica comprimido e sua qualidade vocal parece estar sendo estrangulada.

Trabalhei certa vez com um gerente cuja garganta era tão bloqueada, e sua voz tão constringida que ele tinha o apelido de "pato". Sua voz soava como um grasnido, e só o levaram a sério depois que ele relaxou a tensão em sua garganta.

Os ressoadores de cabeça, nariz e rosto são os ressoadores superiores da voz. Quando é apoiada pela respiração e se move livremente para a boca, para deixar você com um ponto de foco no segundo círculo, a voz usa naturalmente os três ressoadores da cabeça. Eles propiciam clareza e dão à voz as texturas vocais que ela carrega no espaço. São a energia e o poder dos ressoadores da cabeça que penetram no espaço, e não o retumbar do peito.

Logo que você permite que sua voz seja livremente amplificada nos cinco ressoadores, ela se torna equilibrada e emocionante, e lhe permite falar com poder e eficiência máximos. Quando a voz está livre e totalmente apoiada, ela se move para sua cabeça e você sente uma excitação intelectual e emocional.

Em algum momento, ouça um orador presente e poderoso que é dono de seu direito de falar. Você notará que sua voz se move *com* sua comunicação, e não *contra* ela — é um movimento livre através dos ressoadores. Um orador do primeiro círculo pode conter sua voz de tal maneira que o poder é empurrado diretamente para o alto da cabeça e fica preso ali, tornando-se estridente e choroso. Um orador do terceiro círculo pode soar alto demais, com a voz forçada e, às vezes, agressiva e invasiva. A voz do terceiro círculo pode intimidar você. Todos sabemos que é muito difícil suportar essas qualidades do som e nos desligamos para defender nossos ouvidos.

Despertando a cabeça, o nariz e os ressoadores do rosto

- Fique sentado ou em pé com o corpo centrado no segundo círculo.

- Respire jogando o ar para baixo e em conexão contínua.

- Monitore seus ombros, a parte superior do peito e a mandíbula para manter essas áreas sem tensão e respire quando necessário.

- Ponha uma das mãos sobre a cabeça, deixando que parte da mão toque a testa.

- Comece a zumbir para dentro de sua cabeça.

- Pense no som entrando em sua cabeça e isso acontecerá. Pode ser que no início você sinta apena uma pequena vibração, mas essa vibração é o bastante para despertar o ressoador da cabeça.

- Agora concentre-se em colocar o som em seu nariz.

- Fique zumbindo para dentro de seu nariz e sinta a vibração não apenas nele, mas embaixo dos olhos.

- Agora fique zumbindo para o rosto, para os lábios e para as bochechas, movendo o som em torno dos três ressoadores da cabeça.

- Toda a qualidade da voz mudará.

Não se preocupe se demorar para sentir a vibração em cada ressoador. Com o passar do tempo, seus ressoadores responderão mais rapidamente quando despertarem e reagirem ao som que está sendo colocado ali. O que esta série de zumbidos localizados lhe dirá é onde você habitualmente ressoa ou não. Os ressoadores pouco usados precisarão de mais trabalho, mas, quando despertarem, aumentarão o poder e a textura de sua voz. Experimente colocar seus zumbidos em todos os três ressoadores — cabeça, nariz e rosto — e em seguida ler alguma coisa para ouvir como sua voz mudou.

Despertando os ressoadores da garganta e do peito

Ao despertar esses dois ressoadores, você precisa ter cuidado para não empurrar a voz para baixo, portanto pense constantemente "para cima" de modo a evitar essa armadilha. Também é tentador enterrar a cabeça e deixar a coluna cair ao trabalhar essas ressonâncias. Zumbir para a garganta é fácil, mas não deixe que ela se feche; pode ser que precise se lembrar do bocejo para manter tudo aberto.

Mover a voz e zumbi-la para dentro do peito é mais problemático. Você achará fácil colocar a voz no peito e sentirá vibrações incríveis ali, mas precisa evitar empurrá-la para baixo para obter esse som. Coloque constantemente esse ressoador num ponto acima da linha de visão. Você precisará também de mais respiração e apoio para ressoar nessas áreas mais baixas da voz. Esse apoio extra ajudará a levar sua voz para o segundo círculo.

Depois de despertar seus cinco ressoadores durante esses exercícios, sua voz ficará mais rica e mais variada quando você estiver lendo em voz alta. O próximo exercício mostrará a você como se mover livremente entre todos os cinco ressoadores para obter flexibilidade vocal e capacidade para colocar todo o poder e amplificação de sua voz fora de você, no segundo círculo.

Ressonância total

- Direcione toda a sua concentração a ponto acima de sua linha de visão. Respire para esse ponto e respire durante o exercício quando necessário.

- Fique zumbindo dentro de sua cabeça, seu nariz e seu rosto e, em seguida, passe para os ressoadores da garganta e do peito sem deixar o som ir para a parte de trás da garganta ou do peito.

- Mova o zumbido através dos cinco ressoadores o mais rapidamente possível, mas mantendo contato com o ponto do segundo círculo.

- Agora fale utilizando cada ressoador. Alguns deles parecerão estranhos, e são estes que precisam ser mais trabalhados.

- Depois de alongar sua voz dessa maneira, descanse durante alguns minutos antes de se levantar e se aproximar de uma parede. Empurre a parede com uma das mãos para colocar a respiração e fale ou leia para o ponto do segundo círculo fora de você.

- Você sentirá sua voz muito mais cheia e com mais textura.

Alcance

O alcance de sua voz é crucial se sua apresentação precisa manter o interesse e o envolvimento das pessoas. O movimento de notas na voz expressa seu alcance, suas verdadeiras intenções, suas ideias e seus sentimentos. Sem alcance, você não apenas é um orador chato e sem graça, sem capacidade de inspirar, como é também incapaz de expressar sua complexidade humana. Como todas as áreas que você está trabalhando, seu alcance faz parte de seu corpo, de sua respiração e de sua voz livre, mas o movimento deste alcance depende muito do estado dos ressoadores. Portanto, agora que seus ressoadores estão desempoeirados e desenferrujados, seu alcance já começou a melhorar.

Descobrindo mais sobre seu alcance

- Encontre um ponto acima da linha de visão.

- Durante o exercício, mantenha o pensamento nesse ponto.

- Mantenha a cabeça parada durante o exercício, mesmo que fique tentado a movê-la para obter mais alcance. Porém, isso só resultaria em mover os músculos do pescoço, sem trabalhar aqueles que promovem um treinamento de seu alcance vocal.

- Comece a fazer um som gutural descendente através do alcance de sua voz, pensando nesse ponto. Faça isso pelo menos sete vezes. A voz começará a se mover mais facilmente depois de descer algumas vezes.

- Se encontrar falhas, vazios ou rompimentos em sua voz, identifique essas áreas inseguras de seu alcance, porque precisarão de atenção extra quando você o trabalhar. Provavelmente são resquícios de sua juventude, já que as cordas vocais humanas crescem na puberdade. As vozes dos meninos falham quando suas cordas se desenvolvem. As cordas vocais das meninas se desenvolvem, porém menos intensamente.

Para a maioria dos meninos e meninas, essas falhas na voz são motivo de aguda humilhação e, consequentemente, a voz na puberdade é controlada e usada com receio de falhas no alcance. Essa atitude de evitar falhas pode resultar num alcance adulto bastante restrito, em que a voz é usada apenas em lugares "seguros".

Se descobrir falhas desse tipo, ainda que pequenas, precisará suavizá-las e removê-las para utilizar todo o potencial de sua voz. Não quero que se preocupe com a possibilidade de sua voz falhar por estresse ou medo. Ao desenvolver o alcance pleno, você está buscando alongar sua voz e ampliar seus limites naturais além das falhas limitadoras, onde quer que elas apareçam. É muito animador ouvir uma voz em plena extensão, e ela faz parte de você.

- Comece a fazer o som gutural descendente mais uma vez e identifique a falha no alto, a falha embaixo ou qualquer outra falha ou nota insegura entre uma e outra.

- Reconheça a necessidade de um bom apoio respiratório ao ampliar seu alcance.

- Se houver uma falha no principal alcance de sua voz, erga-a sobre essa falha e fique zumbindo através dela.

- Faça isso várias vezes, com o pensamento em seu ponto.

- Não tente forçar a voz através da falha, mas sim fluir com a respiração através dela.

- Repita isso por tempo suficiente e as falhas começarão a diminuir e acabarão saindo do corpo principal de seu alcance.

Uma voz bem treinada consegue se mover através de três oitavas de notas, e um orador estimulante deve visar a pelo menos duas oitavas do alcance livre de falhas.

- Agora faça o som gutural descendente e suba através de seu alcance pelo menos três vezes.

- Pode ser que subir através do alcance seja mais difícil, porém sua flexibilidade vocal aumentará quando repetir esses movimentos.

- Repita usando e colocando o som "oh" bem à frente em sua boca, ainda subindo e descendo.

- Mude o som para "ah", subindo e descendo.

- Em seguida, fale movendo sua voz da mesma maneira.

- Conte até mais de vinte ou leia subindo e descendo através de seu alcance, num jogo divertido.

Agora que sua voz está alongada, pode até ser que você sinta os músculos de sua garganta estendidos; esses músculos não devem doer, mas você vai sentir que trabalhou com eles. Se doerem, você forçou o alongamento no terceiro círculo e deve fazer o exercício com calma, respirando e sem um pingo de força. Se sentir o alongamento em sua voz, mas não conseguir perceber qualquer vibração vocal na boca ou nos lábios, então você fez o exercício no primeiro círculo. Nos dois casos, volte às etapas anteriores, cheque seu corpo e sua respiração e certifique-se de que está respirando para o seu ponto, sustentando e vocalizando com prontidão da respiração. Cheque se sua voz está livre e se a cabeça está parada ao vocalizar através do alcance.

- Depois de alongar a voz, espere alguns minutos e, em seguida, leia em voz alta. Concentre-se em dar sentido ao que está lendo e em falar no segundo círculo, e não pense conscientemente no alcance — agora você o usará naturalmente.

Essa sensação de liberdade na voz talvez chegue a criar uma sensação de liberdade em seu pensamento e sentimento. O alongamento do alcance de sua voz pode, na verdade, libertar os funcionamentos internos de sua mente e seu coração.

Tenho tido muitos clientes que relatam que aquecer o alcance antes de uma reunião ou negociação importante realmente os ajuda a pensar de forma mais clara.

Resumo

- Permaneça conectado a seu corpo e respire ao trabalhar para libertar sua voz de tensões.

- A prática da técnica do bocejo abrirá sua garganta e permitirá que permaneça no controle de sua voz em situações estressantes.

- Utilizando os exercícios para aprofundar sua entonação e ampliar o alcance vocal, sua voz ficará livre, sem ser forçada, conectando você à sua plateia.

FALA

Até agora, os músculos que você trabalhou e está começando a compreender são os músculos da voz, que é o som de suas emoções. Sua fala introduz especificidade em sua voz, e razão no som emocional. Os músculos da fala clarificam o som em palavras, dando, assim, razão à emoção da voz.

O movimento dos músculos da fala durante a articulação é uma dança incrível e complexa envolvendo os lábios, o rosto, a língua, os dentes e o palato mole.

A fala clara é atlética, e esses músculos, para realizá-la de forma tão magnífica, precisam de trabalho constante e testes que verifiquem suas condições. Se você fica até mesmo um dia sem falar, seus músculos da fala ficam mais fracos.

A fala no primeiro círculo

Os oradores do primeiro círculo se encaixam na categoria dos resmungões. A voz retrocede, o que significa que os músculos da fala não têm uma chance de atuar clara e precisamente, e não há energia vocal alguma na boca para eles se moldarem. Consequentemente, o final das palavras não existe e as palavras que têm várias sílabas escorregam, saem atrapalhadas e indefinidas. Mesmo quando os oradores do primeiro círculo tentam falar claramente, a voz não colocada só consegue dar a impressão de alguém que está trabalhando excessivamente os músculos da fala, mas com muito pouco impacto sobre a clareza das palavras. Há muito trabalho no rosto, mas nenhum resultado real na dicção. Às vezes, esse esforço pode tornar claro o início do pensamento, mas a segunda parte desaparecerá, as palavras vão sumindo.

A fala no terceiro círculo

Muitos oradores do terceiro círculo podem articular exageradamente as palavras, enfatizando-as demais ou demorando-se nelas de tal maneira, que o sentido se perde — as palavras são manipuladas e controladas. Uma voz no terceiro círculo pode ser tão alta e forçada que a articulação se torna frenética, e não apenas a pessoa espalha saliva, como as palavras, embora articuladas, são disparadas sem objetivo ou alvo. Isso acaba se tornando confuso para a plateia, já que as palavras são metralhadas, saindo sem qualquer foco.

A fala no segundo círculo

A fala no segundo círculo é clara, eficiente e parece sair sem esforço. O ouvinte escuta as palavras, mas não percebe como são formadas nem teme que não sejam formadas! A palavra é fabricada e forjada na boca e entregue logo depois. A voz flui na respiração pela boca e as palavras são moldadas ali, com os músculos da fala trabalhando em plena harmonia e com economia. Uma palavra é seguida de outra, sendo formada e enviada com naturalidade. Assim, as palavras são elementos de poder e transformação e estão ativas. Em conexão com o segundo círculo, basta falar claramente, porque as palavras são suas ferramentas de comunicação; você não está comunicando através da qualidade de sua voz ou dos sinais enviados pelos padrões de sua respiração ou postura. Você está confiando no poder das palavras que estão conectadas a você, a seus pensamentos e sentimentos.

Praticando com palavras

Há dois hábitos comuns de incoerência no trabalho da fala. Um deles é você esquecer que tem que falar o fim das palavras e o outro é escorregar nas sílabas em palavras extensas. Esses dois hábitos deixam o ouvinte enfurecido, porque ele não consegue distinguir palavras importantes. E tornam impossível manter um ritmo correto — provavelmente significam que você está correndo, e portanto não consegue transmitir o verdadeiro poder de uma palavra.

O que você diz deve ter importância para você, o que significa que você vai querer ter o cuidado de falar claramente. Pode ser que não tenhamos outra chance de falar e, quando falamos claramente, a natureza física destas palavras bem-pronunciadas nos mantém seguros. Palavras definidas com clareza são como aqueles apoios para pés e mãos na beira de um penhasco — nos mantêm seguros. Elas também fazem com que o público se sinta seguro.

Lembre-se que em momentos críticos da vida e durante importantes negociações ou diálogos, você provavelmente só terá uma chance de dizer o que precisa dizer, portanto é melhor ser claro!

- Faça uma lista de palavras com várias sílabas e fale-as inteiramente:
    Transformação
    Abundância
    Gratidão

- Pronuncie todos os sons das sílabas contidas em cada palavra.

- Em seguida, fale as palavras com as sílabas tônicas e não tônicas apropriadas.

- Agora as palavras estarão completas e com seu peso adequado.

O próximo exercício será feito sempre que você estiver preparando uma fala ou discurso importante. Já comentei sobre a dança de músculos que ocorre na boca quando você fala. Um grande dançarino trabalha cada passo para dançar livre e naturalmente em frente ao público, sem nunca contar como certas as respostas de seu corpo.

Frequentemente, falta aos oradores essa atitude. A maioria de nós dá como certa a fala e, consequentemente, deixa de preparar os músculos com o mesmo empenho. Quando estão preparados, eles servem bem a você. Essa preparação não pode ser feita de forma silenciosa nem passiva.

Escolha um trecho bem-escrito de um bom jornal, livro ou poema.

- Aproxime-se de uma parede e empurre-a suavemente com uma das mãos.

- Permaneça centrado e respirando.

- Focalize um ponto acima de sua linha de visão, no segundo círculo.

- Solte um "ooh" para colocar sua voz.

- Agora respire e mexa a boca como se estivesse falando o texto sem usar a voz, mas sentindo os músculos trabalhando para formar cada som.

- Seja particularmente cuidadoso ao articular o fim das palavras e as palavras com várias sílabas.

- Leia o trecho todo assim.

- Quando terminar a leitura do trecho, leia-o novamente usando plenamente a voz.

Você não apenas estará falando mais claramente e no segundo círculo, como compreenderá melhor o trecho quando o som pleno das palavras realmente informar o sentido delas.

Se tiver dificuldade com a produção física de alguma palavra ou frase, volte a ela apenas mexendo a boca, até os músculos estarem educados a produzir os sons. Mesmo que tenha que separar as palavras em pedaços, isso é melhor do que estar em frente a uma plateia apreensivo com a chegada iminente à sua boca de uma palavra que você teme não conseguir produzir claramente e tropeçar nela.

Você ensinou aos seus músculos os passos da dança da fala, de modo que agora eles podem trabalhar para você, e não *contra* você. Não está derrubando as palavras, nem passando por cima delas — está, na verdade, sobre elas e usando o poder delas. Quando você emite as consoantes, está se conectando, no segundo círculo, com a presença intelectual da palavra e, portanto, pode pensar mais claramente.

Descanse um pouco. Você realizou mais um exercício de fala. Sua boca, seus lábios e sua língua estão se sentindo mais vivos.

As vogais guardam o conteúdo emocional das palavras, e sem as consoantes, elas podem se tornar insuportáveis emocionalmente, mas você precisa das vogais para soltar a voz e sentir a linguagem. Este exercício ajudará você a apreciar a qualidade de sustentação das consoantes enquanto elas moldam o som numa palavra.

- Volte à parede, empurre-a e torne a focar em si mesmo.
- Mantendo os sons para frente, a respiração embaixo e a garganta aberta, fale com voz plena apenas as vogais do artigo.
- Ao terminar o exercício, repita o texto imediatamente, mas pondo as consoantes.
- Você falará de forma clara e plena!

Agora você já experimentou e trabalhou a forma física das palavras. Se conseguiu respirar plenamente dentro delas, também deve ter sentido o poder, o significado e o conteúdo emocionais e intelectuais das palavras.

Conexão com palavras no segundo círculo

Até agora, todo o trabalho que você fez foi o de se conectar com o mundo. Agora vai se conectar com as palavras e o pleno poder e significado delas. Primeiro precisa saber o que quer dizer, para depois dizer. Grandes oradores estão presentes em cada palavra quando a pronunciam. Eles dão significado ao que dizem enquanto estão dizendo e, portanto, a linguagem é concretizada. As imagens são experimentadas quando são faladas e as ideias e sentimentos são experimentados na palavra e no momento em que a esta é dita.

Se o orador não está experimentando as palavras no momento e não as está possuindo concretamente, o público não consegue entender completamente suas ideias ou paixões.

No primeiro círculo, a linguagem é experimentada no passado. As palavras são faladas depois da experiência da palavra, ideia ou sentimento. No terceiro, as palavras são experimentadas rapidamente ou não completamente para chegar a um ponto no futuro, deixando o público para trás e confuso. Ou são enfatizadas demais ou embelezadas demais, de modo que as imagens e ideias adquirem um peso inadequado, o que é o equivalente verbal de não conseguir ver a madeira nas árvores! Na correria de nossas vidas, a leitura rápida é uma opção atraente, principalmente quando você tem que percorrer quilômetros de linguagem pobre e irrelevante. A pressa e o texto ruim podem facilmente comprometer sua apreciação da linguagem e cansar sua necessidade de se conectar, com toda sua presença, ao som e ao significado reais de uma palavra.

A partir do trabalho que você já fez, avance para a conexão presente e engajada com as palavras por meio desses **exercícios**.

- Escolha um texto.
- Veja as palavras no segundo círculo e não suponha que você conheça as palavras que estão ali, nem dê como certa qualquer uma delas.
- Veja se você nota palavras que não percebeu que estavam ali. Você havia dado essas palavras como certas.

- Observe se você compreende totalmente cada palavra.
- Você pode conhecer uma palavra "mais ou menos", mas não completamente.
- Não pode haver "mais ou menos" em uma boa comunicação. Cada palavra tem que ser conhecida tão completamente quanto possível, reunindo seu conhecimento sobre ela.
- Leia o texto em voz alta.
- Tente imaginar cada palavra que você fala. Isso exigirá bastante tempo.
- "Madeira" — você tem que ver a madeira.
- "Árvores" — você tem que ver as árvores.
- "Governo" — você precisa ter uma reação e encontrar uma conexão com a palavra.
- "Estatística" — você precisa experimentar a palavra e encontrar a conexão.
- Você poderá descobrir que não conhece o significado de uma palavra e, neste caso, precisará pesquisá-la para torná-la concreta.
- Quando voltar a ler o artigo, com fluência, suas conexões estarão mais plenas e você se sentirá mais presente com as palavras, possuindo-as.
- Leia o texto mais uma vez, porém dizendo em voz alta apenas as palavras ligadas a pessoas: nomes e pronomes.
- Imagine as pessoas ao dizer as palavras.
- Leia o texto novamente — as pessoas ficarão mais concretas na leitura.
- Leia de novo, agora dizendo em voz alta outros nomes: lugares, animais, objetos.
- Em seguida, explore os verbos e sinta cada atividade que o verbo descreve.
- Depois, explore os adjetivos e advérbios.

Ao voltar a ler o texto você experimentará as diversas palavras mais claramente. Descobrirá como termos de ligação (mas, se, e, então) servem a você. Eles movem sua mente através de ideias e são importantes, mas frequentemente esquecidos. Textos ruins não sobreviverão a esses exercícios, quando você notar na hora como muitas palavras são redundantes e inexpressivas.

Esses exercícios de palavras despertam sua imaginação de linguagem e, com eles, as conexões se tornam cada vez mais fáceis e você se torna não apenas mais claro, como mais presente com as palavras ao pronunciá-las.

Andamento

Eis as regras que todo ator experiente sabe. Você pode falar tão rapidamente quanto consegue produzir as palavras em sua boca e estar presente com o significado delas ao pronunciá-las. O andamento depende de o orador ter músculos da fala atléticos e conexões claras com o significado de cada palavra quando esta é falada.

O andamento depende também de estar presente com seu público e de saber se ele o está acompanhando, se está presente com você ou não. Se você não está presente, não pode estar consciente da experiência dele com você: consciente de que você está indo rápido demais e o público está perdido, confuso e entediado; ou consciente de que está indo devagar demais e o público está perdido, confuso e entediado!

Quantas vezes, estando numa plateia, você teve vontade de gritar "Você está falando rápido demais" ou "Vamos logo com isso, eu não sou burro"? Todos nós temos essas reações enlouquecidas com aqueles que se apressam ou são lentos demais ao se dirigirem a nós.

Quando você está 100% conectado com o público através de corpo, respiração, voz, fala, palavras, imaginação e emoções, a apresentação encontra um andamento próprio. Quando a conexão com a respiração está fluindo calmamente através da voz e as palavras são articuladas com precisão, você está fisicamente encontrando seu andamento. Quando seu cérebro e coração estão funcionando em conjunto com as palavras, essa conexão vai colocá-lo, intelectual e emocionalmente no andamento. Quando sua atenção com o público está no segundo círculo, isso põe você no andamento. Quando todos esses fatores se juntam, ninguém nota o passo da fala. O tempo se torna flexível e a conversa termina cedo demais. O tempo foi conquistado pela presença do orador.

Pode ser que você tenha uma lembrança de uma situação assim, em uma apresentação em que você era o orador ou um membro da plateia. O ponto máximo de uma troca poderosa ocorre quando o mundo parece parar e a única coisa da qual temos consciência é o que está sendo falado. Você pode ter experimentado essa troca que ocorre sem interferência do tempo, num andamento perfeito, em conversas íntimas com uma pessoa amada. Esta é uma comunicação no segundo círculo completa, em que as duas partes são iguais ao dar e receber e não há interrupções destoantes no andamento.

Porém, o problema dessa situação ideal é que você não tem consciência de que ela está dando certo, porque está totalmente envolvido com o momento e conectado de forma extasiante. Se perguntar a um ator que acabou de se apresentar maravilhosamente bem o que ele se lembra de sua atuação, ele lhe dirá: "Nada." Ele estava tão presente, que não consegue dizer como foi a apresentação. Na verdade, aprendemos mais quando nosso andamento está errado e podemos utilizar essa compreensão para acertar as coisas e entrar em harmonia. Quando você se apressa, as pessoas não conseguem acompanhá-lo, perdem as palavras e você tem que repeti-las. Uma plateia pede a um apressado do primeiro círculo para repetir; mas poderá ficar intimidada demais para pedir o mesmo a um apressado do terceiro círculo.

Acredito que sabemos quando as pessoas não estão nos acompanhando. Pode ser que não queiramos tratar do problema por acharmos que não é nossa responsabilidade dar às nossas palavras um andamento que possa ser acompanhado. Alguns de meus clientes do terceiro círculo manifestaram inicialmente um sentimento de que "se eles não conseguem me acompanhar, o problema é deles". Meus clientes do primeiro círculo podem dar uma resposta semelhante: "Se eles não conseguem chegar a mim e me entender, estão deixando passar meu conhecimento." E muitos oradores do primeiro círculo têm a visão arraigada de que nada do que eles falam tem alguma importância, portanto devem falar tão rapidamente quanto possível. Você deve saber que sua comunicação apressada não é econômica. Apressar-se, na verdade, é uma perda de tempo!

Outro conceito errado comum entre os apressados é o de que tornar-se mais lento será entediante. Na verdade, o inverso é verdadeiro. Apressar é entediante, faz as pessoas se desligarem rapidamente, mais do que qualquer outra coisa. Se olhar em volta, ao correr em uma apresentação, as pessoas estarão captando seu discurso frenético e estarão inquietas ou fazendo anotações, mas não estarão atentas a você, e é por isso que esta é uma atitude ineficiente e não econômica. Sua fala apressada não está tendo resultado algum.

Se você é metódico e tem um ritmo lento, cuidadoso, provavelmente está tornando a energia da sala mais lenta na tentativa de explicar as informações. Se é este o caso, você está comunicando que não acredita que as pessoas ali têm inteligência suficiente para entendê-lo num andamento normal. Seu público vai querer apressá-lo e até concluir seus pensamentos. Se as pessoas não se comportarem assim, é porque estão assustadas com você, mas na verdade elas acham que você está desperdiçando o tempo delas.

Lembre-se que a lentidão permanente de um orador reduz toda a paixão na sala e bloqueia a inspiração e a empolgação. É algo bastante controlador e faz o público se sentir impotente. Uma pessoa lenta do primeiro círculo avança com cuidado excessivo, porque provavelmente é insegura. Inevitavelmente essa insegurança será desafiada. Uma pessoa lenta do terceiro círculo também pode ser demasiadamente ponderada, procurar palavras internamente e, portanto, não ter consciência de que a plateia está se desligando.

Um metódico do terceiro círculo normalmente está se deliciando com seu controle, bem como as palavras e ideias. Isso é interpretado como presunção, e embora ele possa não ser desafiado, não é apreciado como orador. Lentidão é perda de tempo e, assim como acontece com os apressados, incentiva o público a se desligar do que você está dizendo.

Entenda a pausa

Você pode ter um andamento bom e conectado, mas será que faz pausas de maneira apropriada e com o efeito certo?

Uma pausa é eficiente e muito poderosa quando é ativa e sintonizada com suas intenções, sua cabeça e seu coração. Entre as pausas eficientes está a pausa real, quando se busca ativamente a próxima palavra ou ideia. Há também a pausa que faz contato com a plateia de forma ativa e sincera. Esta pausa passa por um sentimento verdadeiro, e ajuda você a pontuar as ideias com intervalos reais e necessários, que são preenchidos e solicitados na comunicação eficiente de sua apresentação.

As pausas ineficientes podem incluir a pausa de efeito ("Não foi um bom argumento?"), a pausa para aprovação ("Normalmente recebo uma risada ou um reconhecimento nessa hora") e a pausa que é um comentário e indica o que vem a seguir de tal maneira, que mina a próxima ideia (em teatro, chamamos isso de "atuar nas entrelinhas"). Há também a pausa para reduzir o ritmo, e que é seguida de palavras apressadas.

Mas uma pausa preenchida com respiração e atenção ao que você está dizendo ao público funcionará para ambos como uma ponte de energia de transição entre uma ideia e outra. Isso cria um andamento estimulante em qualquer apresentação poderosa. Você tomará consciência do andamento com os exercícios a seguir.

Exercícios para andamento e pausa

- Fique atento ao andamento dos outros — no trabalho, no rádio ou na televisão. Identifique o andamento que é rápido demais ou que parece lento demais.

- Fique atento ao andamento que inicialmente não é percebido. Este é o andamento certo; é apropriado e serve ao material. Este andamento não está, de modo algum, impedindo a estrutura da expressão.

- Quando ouvir as categorias rápido demais e lento demais, começará a perceber que o orador está desconectado do que está dizendo e que ele está no primeiro ou terceiro círculo. Quando o andamento é rápido demais e o orador está à frente da conexão, a cabeça dele está à frente e separada da boca. Quando o andamento é lento demais, o orador está atrasado em suas conexões.

- Ouça atentamente as pausas dentro do andamento. São pausas de suspensão que envolvem você e o mantém presente, ou são pausas que impedem sua concentração e atrasam a conexão ou a apressam?

- Observe como o andamento e as pausas dos outros o afetam, e como você pode se desligar. Um andamento ou uma pausa inadequados fragmentam você, e não é à toa que quase todos ficam irritados com os apressados, os lentos e os que fazem pausas.

Agora, neste momento, você deve ouvir a si mesmo e começar a avaliar os próprios hábitos de andamento e pausa. Grave sua voz, mas tenha em mente que a maioria dos equipamentos de gravação não lhe dará uma leitura verdadeira da qualidade dela e que sua voz é mais rica do que o som fino que você poderá ouvir na gravação. E como seus ouvidos estão dentro de sua cabeça, você não consegue ouvir a si mesmo da mesma forma que o mundo ouve você. Porém, seus hábitos de andamento e pausa podem ser ouvidos com precisão e de forma útil.

- Escolha uma leitura ou apresentação que você possivelmente terá de fazer. Podem ser minutas de uma reunião, uma introdução, um resumo etc.

- Leia seu texto com o gravador ligado.

- Espere pelo menos dez minutos para ouvir a gravação, porque isso lhe dará objetividade.

- Ouça a gravação.

- Como é seu andamento e como são suas pausas?

- Se achar que está rápido demais, repita a leitura empurrando uma parede com uma das mãos, respire para baixo e tenha calma ao puxar o ar e sentir sua prontidão. Diga "ooh" para um ponto acima de sua linha de visão e posicione sua voz.

- Leia e grave novamente, e procure falar cada consoante e o fim de cada palavra.

- Faça pausas com a respiração e o pensamento, e só prossiga quando estiver pronto.

- Se soar lento demais, assuma a postura acima, empurrando a parede e com a respiração para baixo, mas não prenda a respiração. Respire com fluidez. Coloque sua voz num "ooh", direcionada a um ponto no segundo círculo.

- Leia e grave novamente.

- Desta vez, fale claramente, mas não se demore nas palavras, e sim passe por elas e use-as para tocar e afetar o ponto fora de você.

- Repita com a respiração e não prenda o ar ao falar.

- Repita com o fluxo do pensamento e não bloqueie impulso algum, porque assim nenhuma pausa será exagerada, o que impediria o significado ou a emoção.

- Espere pelo menos dez minutos para ouvir a gravação e observe diferenças em seu andamento e em suas pausas.

- As pausas são longas demais? Interrompem a ação da leitura?

- As pausas são curtas demais, de modo que não conseguimos absorver a informação da leitura?

- Ou suas pausas são apropriadas, dando ao ouvinte tempo para acessar a informação anterior e avançar através da pausa? Uma pausa eficiente é preenchida com energia e não interrompe a leitura, propiciando uma posição de suspensão que é ativa e necessária, como um descanso energizado antes de o orador prosseguir.

Ritmo

O ritmo é a música e a batida da comunicação. A música e a batida se movem através das sílabas das palavras e criam significados através da ênfase.

O ritmo de fala mais óbvio é aquele que acompanha a batida do seu coração. Tum-tum, tum-tum, tum-tum. Essa poderosa força de vida de um ritmo está inserido na língua inglesa e tem como seu maior expoente William Shakespeare. Esse ritmo tem o assustador nome de "iâmbico" — palavra que há anos faz crianças saírem gritando das salas de aula. Ninguém inventou esse ritmo, ele existe dentro de todos nós. A batida do coração, o primeiro e o último som que ouvimos. Tum-tum. Tum-tum. Tum-tum.

Quando você examina isso num nível mais profundo e percebe que o "*tum*" é uma onda de sangue viajando por nossas veias, isso diz muito sobre ritmos que funcionam positivamente no ouvido e no espírito humanos. Na batida do "*tum*", o sangue devolve a energia ao corpo e esse retorno eleva o corpo e a voz. Esta é uma força de vida otimista e que flui para frente. É um ritmo poderoso, presente e vitorioso.

Tum-tum — *alô*.

Quando você faz o ritmo de "tum tum" em "alô", você soa positivo e otimista, enviando para fora a energia e o ritmo da palavra. Isso é poderoso e afirmativo.

Recite o poema a seguir, "Ozymandias", de Percy Bysshe Shelley, com respiração. E deixe que o "tum-tum" retorne o ritmo através das palavras.

> Eu encontrei um *viajante* de uma terra *antiga*
> Que disse: — Duas gigantescas pernas de pedra sem torso

> *Erguem-se* no *deserto*. Perto delas na *areia*,
> Meio afundada, jaz um rosto partido, expressão
> E *lábios* franzidos e *escárnio* de *frieza no comando*
> Dizem que seu *escultor* bem aquelas *paixões leu*
> Que ainda sobrevivem, estampadas nessas partes sem vida,
> A *mão* que os *zombava* e o *coração* que os *alimentava*.
> E no *pedestal* estas *palavras apareceram*:
> "Meu nome é Ozymandias, *rei dos reis*:
> Contemplem minhas obras, ó poderosos, e desesperai-vos!"
> Nada resta: junto à decadência
> Das ruínas colossais, ilimitadas e nuas
> As *areias solitárias* e *inacabáveis* estendem-se *a distância*.

Se você recitar esse poema com o ritmo iâmbico que está inserido nele, sentirá um motor impulsionando-o para frente e sentirá o otimismo no ritmo das palavras.

O ritmo dessa batida do coração é rompido e se fragmenta quando os pensamentos e sentimentos se fragmentam. Mas a batida do coração retorna ao pulso motor ascendente depois da fragmentação porque a força de vida da batida cardíaca tem que continuar mesmo após as interrupções.

Agora experimente com um ritmo da moda no qual todos nós podemos entrar e que é o inverso da batida cardíaca e, portanto, uma energia enfraquecedora quando você fala.

Esse ritmo faz você cair de volta no primeiro círculo.

Experimente recitar este poema em TUM-tum. TUM-tum.

> Eu encontrei um viajante *de* uma terra antiga
> Que disse: — *Duas* gigantescas *pernas* de pedra sem torso
> Erguem-se no deserto. Perto delas na areia,
> Meio afundada, jaz um rosto partido, expressão
> E lábios franzidos e escárnio de frieza no comando
> Dizem que seu escultor bem aquelas paixões leu
> Que ainda sobrevivem, estampadas nessas partes sem vida,

A mão que os zombava e o coração que os alimentava.
E no pedestal estas palavras apareceram:
"Meu nome é Ozymandias, rei dos reis:
Contemplem minhas obras, ó poderosos, e desesperai-vos!"
Nada resta: junto à decadência
Das ruínas colossais, ilimitadas e nuas
As areias solitárias e inacabáveis estendem-se a distância.

A energia está caindo e essa queda impede o movimento para frente de sua energia e sua força de vida. A leitura soa pessimista e negativa e é difícil ouvir e permanecer atento através da energia falada, porque esta vai contra a batida cardíaca.

Essa queda é, na maior parte, energia do primeiro círculo, mas se o ritmo é enfatizado exageradamente, pode ser associado ao *De dum* do terceiro círculo, que não apenas é pessimista e soa negativo, como também é controlador!

Há uma extensão desse ritmo que é o mais enfraquecedor dos ritmos falados. É a fala descendente. Aqui, o orador pode começar com um pensamento no segundo círculo, mas, durante o pensamento, cair para o primeiro. Há um declínio na fala que frequentemente pode ser acompanhado da queda gradual do corpo e da cabeça, fazendo com que nos sintamos tristes ou até deprimidos. O ritmo geral soa tão casual, que ninguém consegue manter o interesse no que está sendo dito, enquanto o orador parece não se importar.

Muitos oradores têm consciência da fala descendente e adotam a técnica de mudar o ritmo, que é igualmente confusa para o ouvinte. É a fala ascendente. O fim de um pensamento é forçado para cima, mas só o que isso consegue fazer com o ritmo e a percepção do pensamento é dar uma ênfase questionadora a ideias que não são perguntas. Essa elevação faz as afirmações parecerem interrogações, o que dá ao ouvinte a sensação de que o orador não tem certeza do que está dizendo. Como tudo tem um ritmo ascendente, essa elevação indica fraqueza e suscita interrupções. O ritmo na verdade está passando a seguinte ideia: "Não sei o que estou dizendo e não posso sustentar o que falo."

Sinta todos esses ritmos usando o poema de Shelley ou um texto seu. Experimente com:

- O Tum-tum descendente.
- O Tum-tum descendente enfatizado exageradamente.
- A fala descendente.
- A fala ascendente.

Durante essas experiências, você experimentará mudanças cruciais de ritmo em seu corpo, sua respiração e sua voz. A fala descendente estará conectada a você inteiro, e essa conexão inevitavelmente o afastará da presença.

Caso esteja imaginando, são necessárias milhares de horas de treinamento para um ator conseguir desempenhar um personagem no primeiro círculo e, ainda assim, comunicar com poder.

Agora retorne ao ritmo tum-tum fluente e natural da batida do coração. Esse ritmo realmente põe sua energia no segundo círculo presente e você deve conseguir sentir o ritmo entrar e mudar seu corpo, sua respiração e sua voz. Se você sente essa energia, pode agora brincar com as pausas e a manutenção da presença. Uma pausa eficiente tem que ser preenchida com energia. Você deve conseguir fazer uma pausa, respirar e prender a energia antes de prosseguir. A boa notícia é que o fato de estar no segundo círculo toma conta do verdadeiro ritmo da vida, e você faz isso organicamente. Você faz a pausa de forma orgânica e retorna naturalmente.

Ritmo, ênfase e significado

Você já ouviu um orador enfatizando tanto que seu ouvido não consegue captar o significado exato? Ou já ouviu um orador com tão pouca ênfase, definição ou ritmo, que o significado desaparece e também é incompreensível?

Há três forças principais que esclarecem totalmente sua comunicação.

1. Pronúncia correta e clara.
2. Significado intelectual específico.
3. Conexão emocional intensa.

A ênfase está dentro do ritmo do que você diz e é dada através das sílabas das palavras. Uma sílaba enfatizada dá às palavras a pronúncia, e palavras muito enfatizadas dentro de um pensamento definem o significado e a emoção. Para preencher o poder de uma sílaba enfatizada, você precisa de sílabas não enfatizadas. Esse processo é tão natural que, quando você está feliz e não se sente ameaçado, tudo corre bem e a ênfase funciona com significado. Mas tudo pode ficar confuso quando você está ameaçado e perdendo sua presença.

A sílaba não enfatizada é o "*tum*" do "*tum-dum*", e quando uma sílaba não enfatizada aparece em uma linguagem, a vogal da sílaba se torna mais curta ou, mais precisamente, neutralizada.

Em programas infantis, os robôs enfatizam cada sílaba, e essa comunicação só pode ser ouvida durante alguns instantes antes de embaralhar e confundir seu cérebro.

Às vezes, temos que nos esforçar para compreender a ênfase exagerada de um estrangeiro falando nossa língua ou de alguém que está enfatizando de forma incorreta uma palavra e fazendo-a soar estranha.

Se estiver em dúvida em relação à pronúncia de algum termo, olhe-o num bom dicionário. Ele estará foneticamente apresentado e as sílabas enfatizadas estarão precedidas de um sinal de ênfase. Mesmo que não consiga ler fonética, poderá observar a ênfase e pronunciar a palavra corretamente.

Não se preocupe se seu sotaque não tiver algumas ênfases. A importância da pronúncia e da ênfase é ajudar o público em geral a identificar uma palavra, e se você a enfatiza demais (terceiro círculo), não apenas vai soar estridente aos ouvidos do público como transformará palavras corriqueiras em sons estranhos. O hábito do primeiro círculo de nivelar demais a ênfase deixa as palavras tão planas, que não nos importamos em não ouvi-las, já que não há uma textura coerente nem um sinal de ênfase para nos ajudar a compreender o que está sendo comunicado.

A ênfase dá a pronúncia aceita, mas também define o significado exato dentro do pensamento.

Agora lembre-se da neutralização das vogais dentro de sílabas não enfatizadas na pronúncia, porque você terá que avançar. Você precisa examinar a leve neutralização de sílabas que dá significado ao longo de uma comunicação específica, mesmo quando a pronúncia exige que uma sílaba seja enfatizada.

Para definir significados em seus pensamentos, você precisa neutralizar certas palavras — incluindo sílabas enfatizadas dentro de frases ou pensamentos.

Vamos examinar "aquele homem". Se o homem é uma referência momentânea, digamos, em um pensamento como "aquele homem disse que virá e carregará minha bagagem", o "aquele" está neutralizado e a letra "e" em "aquele" se torna um "ê" fraco. Porém, se você foi vítima de um crime e está procurando um homem num grupo de suspeitos, enfatizará *aquele* homem", dando peso total ao "a" e ao "e".

Obviamente, se você sabe o que está dizendo, enfatizará e neutralizará naturalmente as vogais para deixar claro o significado exato.

Experimente a frase:

"Hoje minha mãe vem jantar aqui."

Uma fala fluente e com ênfase nivelada comunica o significado geral da frase.

Essa fala estará equilibrada sem qualquer ênfase que possa obscurecer o significado ou dar a ele um peso maior. A fala nos dá a informação sem o orador dar a textura específica do significado.

Dessa maneira, oradores com peso nivelado podem ser criticados por não expor suas preferências por ideias ou por não ter conexão emocional com a informação.

É claro que essa fala equilibrada tem que ser ensinada aos oradores que precisam ser objetivos e impessoais. Por exemplo, no jornalismo, os âncoras devem falar dessa maneira, dando informações ao público sem transmitir uma opinião pessoal. Âncoras menos eficientes podem inclusive aplicar ênfase de uma maneira que transmite um preconceito em relação à notícia.

Agora vamos nos tornar pessoais e mais conectados através da ênfase.

Novamente, use a frase: "Hoje minha mãe vem jantar aqui."

Se você enfatiza "mãe" na frase — e consequentemente neutraliza as outras palavras — o significado muda de textura e especificidade.

O significado é que a "mãe" está vindo, e não outra pessoa. A pessoa com a qual você está falando pode ser seu irmão que estava esperando a presença de seu pai, e não de sua mãe.

Quando a palavra "mãe" ganha peso, o ritmo musical ou inflexão da sentença muda. As inflexões vão subindo ao passarem por "hoje minha", aterrissam em "mãe" e caem ao longo de "vem jantar aqui".

Agora faça o mesmo jogo e enfatize "hoje". Aqui, o significado é que não é amanhã nem semana que vem. A inflexão cai a partir de "hoje" até o término da frase.

Uma ênfase em "minha" indica que "não é a sua mãe", e as inflexões para cima e para baixo sobem e caem em torno de "minha".

Continue com a ênfase em "aqui" e o significado indica que não é na sua casa, em um restaurante ou na casa dela, mas "aqui".

A ênfase em "jantar" significa que não é café da manhã, almoço, chá ou drinques.

Tudo isso é óbvio até sair da forma errada, e uma ênfase equivocada pode colocar você em uma posição terrível, em uma comunicação equivocada ou mesmo causar um desastre diplomático. A ênfase equivocada frequentemente mexe com os nervos. Pode acontecer quando um discurso é lido sem ter sido preparado totalmente ou em voz alta, fazendo com que não seja completamente compreendido, ou com que seu verdadeiro contexto não seja conhecido.

Oradores que enfatizam pouco (primeiro círculo) ou demais (terceiro círculo) sob pressão e que não estão preparados podem tornar sem sentido até mesmo palavras e ideias muito simples.

A emoção na voz está nas vogais, portanto as vogais das palavras que contêm sua emoção ganham mais peso. Este, por sua vez, muda o ritmo e a ênfase nas frases, pesando palavras ou vogais para expressar sentimentos.

Use a mesma frase. Se o orador odiasse sua mãe ou tivesse medo dela, a palavra "mãe" conteria movimento e peso na vogal, expressando os sentimentos dele em relação à mãe.

Se você estivesse apavorado com a chegada de sua mãe "aqui", por qualquer motivo, o "aqui" mudaria de peso e extensão para indicar o choque de sua mãe *aqui*.

Compreender essas nuances de ênfase e a conexão entre elas e o peso da voz permite a você estabelecer conexões muito pessoais através de seu ritmo, sua ênfase e das inflexões que os acompanham. Um bom orador do segundo círculo precisa usar pausa, ritmo, ênfase e inflexões para comunicar a plena autenticidade de sua presença. Há pouco tempo, trabalhei com um líder que comunicava claramente através da ênfase intelectual, mas parecia, nas palavras de um de seus colegas, "duro como um assassino". Seu calor humano surgiu não apenas com a abertura da voz, mas com um ritmo mais fluente e inflexões plenas. O oposto desse problema era o da líder que soava exageradamente emocional sob pressão e, consequentemente, incoerente. Ela cedia demais às conexões pessoais e entreouviu um de seus colegas dizendo: "Ela não vai chorar de novo, vai?" Na verdade, o conteúdo de sua apresentação era bem-escrito e racional. Trabalhando a ênfase e o ritmo claros, o significado surgiu e se equilibrou com suas conexões pessoais, tornando-a uma boa oradora.

Vamos reunir todos esses componentes básicos do discurso retornando a Shelley.

Se você acompanhar o ritmo do texto dele, baseado no iâmbico, e permitir que as quebras rítmicas esclareçam o significado, fará uma comunicação clara, mas impessoal, do soneto.

- Para fazer isso, leia o soneto zumbindo, mantendo-se no segundo círculo, respirando e emitindo o som para frente. Volte a lê-lo com a energia e a pausa que encontrou ao zumbir. O zumbido está na verdade permitindo que sua voz encontre a voz de Shelley através dos ritmos, das ênfases e das pausas dele.

- Agora, deixe-me conduzi-lo através dos versos. Ao falar, enfatize as palavras em itálico:

    Eu encontrei um *viajante* de uma terra *antiga*
    Que disse: — Duas gigantescas pernas de pedra sem torso
    Erguem-se no *deserto*. Perto delas na *areia*,
    Meio afundada, jaz um rosto partido, expressão
    E *lábios* franzidos e *escárnio* de *frieza no comando*
    Dizem que seu *escultor* bem aquelas *paixões leu*
    Que ainda sobrevivem, estampadas nessas partes sem vida,
    A *mão* que os *zombava* e o *coração* que os *alimentava*.
    E no *pedestal* estas *palavras apareceram*:
    "Meu nome é Ozymandias, *rei* dos reis:
    Contemplem minhas obras, ó poderosos, e desesperai-vos!"
    Nada resta: junto à decadência
    Das ruínas colossais, ilimitadas e nuas
    As *areias solitárias* e *inacabáveis* estendem-se *a distância*.

- Algumas dessas ênfases podem funcionar para você e outras podem incomodá-lo.

- Esse incômodo é bom porque você está formando uma opinião sobre o que quer transmitir ou sentir. Leia novamente com seu ritmo e suas ênfases. Agora você está atendendo à intenção geral de Shelley, mas acrescentando as próprias conexões intelectuais e emocionais.

Esse trabalho é essencial quando você fala as palavras de outras pessoas. É preciso examinar as intenções do escritor através da ênfase e do ritmo e então fazer suas próprias conexões com o texto. Do contrário, as palavras que disser não vão soar como suas. Você criará uma distância entre sua voz e a voz do escritor.

É possível que você tenha preparado um discurso para apresentar, mas o tenha escrito num estilo ou linguagem que não é realmente seu modo de falar.

Examine o discurso em voz alta e com o mesmo cuidado.

Enfatize os sentidos e então conecte-se através das ideias e imagens para tornar a linguagem e a apresentação pessoais.

Quanto mais você falar bons textos em voz alta, mais perceberá que não há nada aleatório na expressão poderosa — o ritmo e a ênfase fazem parte do texto e expõem o significado e a alma dele.

Resumo

- Sua voz obtém clareza e ressonância emocional através de uma boa articulação e de uma fala clara; habilidades aprendidas e aprimoradas através da prática regular.

- Uma boa preparação para um discurso não é silenciosa ou passiva — utilize o poder da linguagem sentindo cada consoante e vogal conforme elas saem de sua boca.

- O ritmo é crucial para a fala — pausas, cadência e ênfases dão significado à linguagem e são ferramentas vitais para transmitir sua mensagem.

ESTRUTURA

Nenhuma apresentação formal, entrevista, negociação ou conversa deve ser planejada ou considerada sem trabalhar sobre estruturas claras. Pense na estrutura como uma armação que segura seus pensamentos e sentimentos e os focaliza no segundo círculo. Quando você se familiarizar com a estrutura, conseguirá sair da armação formal à vontade e voltar a ela quando necessário. Em outras palavras, você não vai errar ao ser desafiado e conseguirá se desviar do caminho quando informações extras forem requisitadas em qualquer discussão, voltando ao caminho ou ponto no momento em que isso for requisitado.

Explicando de maneira simples, o principal objetivo de falar no segundo círculo é levar você e os outros a algum lugar! No primeiro círculo, você pode realmente retroceder em seus pensamentos e falar sobre algo relevante para você, mas não para os outros e, com isso, perder e confundir o público. Ou pode ficar preso em um ponto, repetindo-o interminavelmente, embora os outros o tenham compreendido. No terceiro círculo, você pode avançar tão rapidamente que o público não conseguirá acompanhá-lo com qualquer estrutura, pois não foi levado junto no caminho, indo diretamente até o fim da viagem sem que lhe mostrassem a trajetória.

No segundo círculo você está presente em cada palavra ou pensamento e permite que as palavras ou pensamentos o movam para frente. Quando um desvio é necessário, você se afasta do caminho planejado, lida com o que está fora dele, volta ao local exato onde estava e prossegue conforme planejado.

O mapa estrutural que estou descrevendo não é novo. É bem antigo. Até alguns anos atrás, toda criança na escola aprendia a pensar e escrever dessa maneira. Muitos de vocês conhecem essas estruturas, mas às vezes não as utilizam o bastante na comunicação formal. Essas estruturas são chamadas de Pensamento Clássico, e todo escritor criou com essas estruturas, até que a desconstrução rompeu essa estrada no início do século XX. Tenho ensinado líderes de negócios e políticos que não tiveram a vantagem de aprender o Pensamento Clássico. Eles são brilhantes no que fazem, mas descobriram que colegas menos brilhantes conseguem derrubá-los num debate com o uso dessa estrutura crucial. Porém, depois que a apreendem e a dominam, são capazes de manter o controle diante de todos os seus colegas de educação clássica.

Então o que é o Pensamento Clássico? É uma viagem sequencial que se move para frente, constrói um argumento e busca, por meio de argumentos, uma solução. Você simplesmente abre um debate e faz uma pergunta. Explora e viaja através de todas as possibilidades da pergunta e avança ativamente para uma solução: o fim da viagem. Em uma viagem clássica existe ordem. Você pode não saber para onde está indo, mas sabe que tem que ir adiante em um problema, examinar cada etapa dele e possivelmente descobrir outros ao longo do caminho até chegar a uma solução ou conclusão.

Às vezes, as viagens não são claras e ordenadas; às vezes, você tem que começar no fim e trabalhar para trás ou refletir sobre cada descoberta feita durante a viagem. Porém, a estrutura Clássica tem que ser usada e compreendida se você quer ser um orador de sucesso.

A partir dessa base, você pode sair em todas as direções com segurança e levar seu público com você.

A noção do Pensamento Clássico, e até mesmo da palavra "Clássico", pode assustar muita gente, mas deixe-me sugerir algo animador. Essas estruturas são antigas, tão antigas que são responsáveis pelos padrões de pensamento que permitiram à raça humana evoluir e dominar o planeta. São elas que nos torna humanos, e não simples macacos, como você pode ver por essas frases:

- "As pegadas estão indo na direção do buraco, portanto o cervo entrou no buraco."

- "Se eu amarrar a ponta do meu machado de pedra nessa vara, conseguirei matar um búfalo à distância e evitar ser morto ou ferido."

- "Minha mãe morreu, então vou enterrá-la com seus utensílios preferidos. Ela precisará deles na outra vida."

Esses três exemplos de padrão de pensamento neolítico não são diferentes, em estrutura, de "Ser ou não ser, eis a questão", de Shakespeare. Essas estruturas são encontradas em receitas bem-escritas. Você não conseguiria fazer um prato sem elas, porque se a cenoura entrar na panela na hora errada, não cozinhará! São encontradas em manuais de instrução bem-escritos, mas não naqueles que deixam você louco ao tentar juntar as peças para montar uma estante. É a estrutura usada por um juiz ao concluir um caso ou por um advogado ao interrogar testemunhas.

- "Por favor, volte ao começo da história."
- "Você atingiu seu objetivo, por favor, continue a história."
- "Você afirma que viu o acusado no bar, no domingo, dia 3 de outubro de 1985?"

Essa estrutura está tão inserida em nossos seres, que inventamos brinquedos para nossos filhos despertarem e entenderem isso. Bonecas dentro de bonecas, caixas dentro de caixas. A criança tem que abrir uma boneca para chegar à boneca seguinte, o que é o mesmo que ter que começar a história do início para chegar ao fim.

Quando essas estruturas são despertadas e asseguradas em seu interior, você se torna livre para se apresentar ao público, sair da apresentação e olhar para ele, lidar com uma pergunta difícil feita para derrubar você e ainda voltar para sua estrutura, sua viagem.

Há três situações básicas que devem ser praticadas.

O discurso planejado e a viagem

Quando você escreve um discurso ou planeja uma apresentação, deve começar estruturando suas ideias.

- Por onde começo? Como abro o debate?
- Quais são os pontos que devem ser citados e explorados?
- Aonde vou?
- Qual é minha solução?

Dentro desse processo, você precisa inicialmente ser brutal com ideias ou materiais irrelevantes. Qualquer palavra ou ideia aleatória deve ser aparada até você ter suas direções fortes e claras no lugar.

Quando a estrutura estiver firme, você pode se desviar e contar uma piada ou história pessoal com segurança e relevância.

Faça o seguinte exercício.

- Descreva uma viagem conhecida, mas complexa. Pode ser uma viagem para o trabalho todo dia ou para visitar seus pais ou um amigo.

- Fale em voz alta.

- Descreva-a clara e completamente, como se a pessoa que estivesse ouvindo as direções precisasse fazer essa viagem agora e com urgência. Ela não pode se perder, porque o bem-estar de uma pessoa querida depende de ela concluir a viagem com sucesso. Após o exercício, volte à viagem e certifique-se de que todos os detalhes necessários estão ali. Se estiverem, então a armação está pronta.

- Agora descreva a mesma viagem de maneira mais relaxada, colorindo-a como puder, talvez descrevendo um personagem ou fato interessante com o qual você se deparou durante a viagem. Você ainda está estruturando a viagem, mas tornando-a mais pessoal e interessante.

A clara armadilha em que o pensador do primeiro círculo pode cair é dar todos os detalhes e reações pessoais sem a força e o vigor da viagem estruturada. A armadilha do terceiro círculo é saber a viagem tão bem, que você não se preocupa em levar alguém com você.

- Agora imagine você defendendo um amigo íntimo. Ele foi acusado injustamente de um pequeno delito. Você não estava com ele na hora, mas conhece cinco motivos concretos para crer que ele não cometeu o crime.

- Nessa etapa, não seja pessoal nem emocional. Explique os fatos de forma clara e conclua com um motivo que demonstre sua inocência.

- Neste momento, faça essa defesa com quaisquer detalhes pessoais ou passionais para defender seu amigo.

Agora passe para um problema que você enfrenta em seu local de trabalho e que sabe como resolver, mesmo que ninguém tenha lhe pedido para fazê-lo.

- Prepare o que vai dizer sobre isso.

- Comece dizendo o problema e, em seguida, relacione todos os fatores do problema, descrevendo as soluções e concluindo com a ação que deve ser tomada imediatamente.

- Imagine, nessa preparação, todas as objeções que seus colegas vão fazer e certifique-se de ter informações para defender seu ponto de vista.

Quando concluir essas tarefas, terá começado a desenvolver os músculos de sua estrutura que agora será testada.

O discurso não preparado ou uma pergunta inesperada

Um sentido de estrutura tem que estar tão inserido em você, que deve conseguir pensar com presença e improvisar no momento, levando você mesmo e os outros a uma viagem clara até a conclusão.

É assim que os personagens de Shakespeare falam, sob pressão. Os discursos deles não são planejados, mas sim viagens apaixonadas em busca de um porto seguro e uma conclusão. Quanto mais você praticar essas estruturas, mais livre será para explorar as trocas do dia a dia e apresentá-las com estrutura.

Leia em voz alta, no segundo círculo, o famoso discurso de Shakespeare em *Hamlet*. Com certeza notará que à medida que vai praticando, cada pensamento o leva adiante, estruturando a busca de Hamlet. Note também como cada pensamento vai avançando e descobrindo muitas ideias. O primeiro verso, "Ser ou não ser, eis a questão": há três descobertas nesta única frase. Você tem que estar presente e envolvido em cada uma delas para fazê-la funcionar e concretizá-la. Note também como cada pensamento se constrói a partir do anterior. Não há retirada intelectual, queda para o primeiro círculo ou entrada forçada no terceiro círculo. Cada pensamento é um degrau na escada que leva Hamlet à sua conclusão final.

> Ser ou não ser, eis a questão.
> Será mais nobre em espírito viver
> Sofrendo os golpes e as fechadas da afrontosa sorte
> Ou armas tomar contra um mar de penas.
> Dar-lhes um fim: morrer, dormir...
> Só isso e, por tal sono, dizer que acabaram
> Penas do coração e os milhares de choques naturais
> Herdados com a carne? Será final
> A desejar ardentemente... Morrer, dormir;
> Dormir, sonhar talvez... Mas há um contra,
> Pois nesse mortal sonho outros podem vir,
> Libertos já do mortal abraço da vida...
> Deve ser um intervalo... É o respeito
> Que de tal longa vida faz calamidade
> Pois quem pode suportar do tempo azorrague e chufas,
> Os erros do tirano, ultrajes do orgulho,
> As angústias de amor desprezado, a lei tardia,
> A insolência das repartições e o coice destinado
> Pelos inúteis aos meritórios pacientes?
> Para quê se pode aquietar-se, acomodar-se,
> Com um simples punhal? Quem suportará,
> Suando e resmungando, vida de fadigas
> Senão quem teme o horror de qualquer coisa após a morte,
> País desconhecido, a descobrir, cujas fronteiras
> Não há quem volte a atravessar e nos intriga
> E nos faz continuar a suportar os nossos males
> Em vez de fugir para outros que desconhecemos?...
> Assim a todos nos faz covardes nossa consciência,
> Assim o grito natural do ânimo mais resoluto

> Se afaga na pálida sombra do pensar
> E as empresas de mor peso e alto fim,
> Tal vendo mudam o seu humor errando
> E nada conseguindo! Sossega agora...
> Ofélia gentil? Ninfa, em tuas orações
> Sejam sempre lembrados meus pecados.*

Eis um exemplo moderno de um discurso maravilhosamente construído e proferido — vale a pena buscar a gravação de Barack Obama fazendo o discurso a seguir, para ver uma apresentação eficiente e poderosa acontecendo. Observe a estrutura, o ritmo e as ênfases que dão poder às palavras.

> Nunca fui o candidato mais provável para este cargo. Não começamos com muito dinheiro ou muito apoio. Nossa campanha não foi planejada nos salões de Washington — começou nos quintais de Des Moines, nas salas de estar de Concord e nas varandas de Charleston.
>
> Foi construída por trabalhadores e trabalhadoras que recorreram às parcas economias que tinham para dar cinco, dez e vinte dólares a esta causa. Ganhou força com os jovens que rejeitaram o mito da apatia de sua geração; que deixaram suas casas e suas famílias por empregos que ofereciam salários menores e menos sono; com os não tão jovens que enfrentaram o frio intenso e o calor abrasador para bater nas portas de completos desconhecidos; com os milhões de americanos que se ofereceram como voluntários e se organizaram e provaram que, mais de dois séculos depois, um governo do povo, pelo povo e para o povo não pereceu na Terra. Esta vitória é de vocês.
>
> Sei que não fizeram isso apenas para vencer uma eleição e sei que não fizeram isso por mim. Vocês fizeram isso porque entendem a enormidade da tarefa que há pela frente. Porque mesmo enquanto celebramos esta noite, sabemos que os desa-

---

* Tradução de José Blanc de Portugal, Editorial Presença, 3ª edição, 1997 (*N. do T.*)

fios que o amanhã nos trará são os maiores de nossa vida — duas guerras, um planeta em perigo, a pior crise financeira deste século. Mesmo enquanto estamos aqui esta noite, sabemos que há americanos corajosos acordando nos desertos do Iraque e nas montanhas do Afeganistão para arriscar suas vidas por nós. Há mães e pais que vão se deitar depois que seus filhos adormeceram, imaginando como farão para pagar a hipoteca, ou como pagarão as contas de seus médicos, ou se vão economizar o bastante para a faculdade. Há novas energias para utilizar e novos empregos a serem criados; novas escolas para construir, ameaças para enfrentar e alianças para consertar.

A estrada diante de nós será longa. Nossa subida será íngreme. Pode ser que não cheguemos lá em um ano, ou mesmo em um mandato, mas, povo dos Estados Unidos, nunca tive tanta esperança, quanto tenho hoje à noite, de que chegaremos lá. Prometo a vocês: nós, como povo, chegaremos lá.

Haverá reveses e falsas partidas. São muitos os que não concordarão com todas as decisões que eu tomar ou políticas que eu adotar como presidente, mas sabemos que um governo não consegue resolver todos os problemas. Contudo, sempre serei honesto com vocês em relação aos desafios que enfrentamos. Ouvirei vocês, principalmente quando discordarmos. E, sobretudo, pedirei que participem do trabalho de reconstruir esta nação da única maneira que temos feito há 221 anos: bloco por bloco, tijolo por tijolo, mão calejada por mão calejada.

O que começou 21 meses atrás, no meio do inverno, não pode acabar nesta noite de outono. Esta vitória por si só não é a mudança que buscamos, é apenas uma chance para fazermos essa mudança. E essa mudança não pode acontecer se voltarmos ao modo como as coisas estavam. Não pode acontecer sem vocês.

Portanto, vamos evocar um novo espírito de patriotismo, de serviço e responsabilidade, em que cada um de nós resolve dar uma contribuição, trabalhar mais duro e cuidar não apenas de nós mesmos, mas um do outro. Vamos lembrar que se essa crise financeira nos ensinou alguma coisa, é que não podemos ter uma Wall Street próspera enquanto a Main Street sofre. Neste país, nós nos erguemos ou caímos como uma só nação, como um só povo.

Entrevistas, reuniões, negociações, conversas e confrontos

A última situação é provavelmente a mais comum que você encontrará em sua vida profissional. Também é a mais difícil, e seu sucesso depende de prática com estrutura. Na verdade, é mais fácil recitar *Hamlet* e ficar na viagem estrutural do que conduzir outras pessoas e chegar a uma solução. É preciso habilidade para conduzir outras pessoas, e você terá que caminhar sobre vidro ou se equilibrar numa corda bamba. Você só pode ter sucesso conduzindo outras pessoas se estiver estruturado e no segundo círculo com todo mundo. É essencial estar numa relação de troca com todas as pessoas presentes. Assim, você ouve, aprende com todos e desenvolve ideias e soluções conjuntamente.

Um líder no terceiro círculo pode comandar uma reunião, uma negociação ou uma entrevista com todas as estruturas no lugar, mas sem permitir intervenções e, assim, fazendo com que todos na sala se sintam redundantes. Essas trocas não são reais, e importantes informações e insights às vezes não falados se perdem na reunião. Líderes que agem dessa maneira poderiam muito bem fazer suas reuniões sozinhos.

Nessas situações, um líder no primeiro círculo permitirá que as estruturas sejam oprimidas e perdidas. Um tempo enorme é gasto enquanto a energia retrógrada do primeiro círculo não consegue focalizar o grupo, permitindo que o caos reine. E se uma conclusão é alcançada, isso pode acontecer sem que todas as informações sejam totalmente examinadas.

O dar e receber do segundo círculo permite que os outros contribuam, e as estruturas e a viagem do pensamento significam que o fluxo e a resolução da reunião são plenamente buscados.

Conheci muitos empreendedores que, desde novos, tinham ideias brilhantes para negócios, mas elas lhes pareciam tão óbvias que eles nunca se importavam em estruturá-las em uma linguagem. Na verdade, alguns deles começaram a criar negócios cedo demais e abandonaram precocemente a educação formal. Essa incapacidade de estruturar ideias e formar uma linguagem para comunicá-las significa que em algum momento eles entram em conflito com seus colegas, e estes vão parecer estúpidos por não entenderem o óbvio. Na verdade, essas pessoas não foram expostas ao pensamento estruturado ou a uma explicação básica sobre o que acontece na mente do empreendedor. Você não pode esperar que as pessoas entendam ou estejam presentes em suas ideias se não as estruturar.

Resumo

- Pense na estrutura de uma viagem — um roteiro bem-feito permitirá desvios, espontaneidade, mas também permitirá a você voltar ao caminho com facilidade.

- Decida aonde você está indo em sua viagem, estabeleça um plano claro e depois o personalize com descrições e cores.

- Imagine e analise qualquer armadilha ao longo do caminho — antecipe os problemas e tenha um plano para resolvê-los.

OUVIR

Ouvir de maneira presente é tão essencial para sua sobrevivência e para seu poder quanto respirar. Admito que você não vai morrer se não ouvir perfeitamente, mas vai deixar de perceber o mundo, as pessoas e o que está acontecendo à sua volta.

Como se não bastasse, se não ouvir no segundo círculo, não estará atento àqueles que querem lhe prejudicar, ferirá aqueles que você preza e perderá todas as oportunidades positivas apresentadas por outras pessoas.

Ouvintes do primeiro círculo

Os ouvintes do primeiro círculo tendem a ouvir tudo de acordo com suas necessidades. Você só ouve o quer ouvir, e não a comunicação completa. Assim, pode não entender ou levar muito as coisas para o lado pessoal e de maneira desequilibrada. Frequentemente, tenho dado retornos bastante positivos a ouvintes do primeiro círculo, mas eles ouvem apenas o único comentário negativo em meio a outros vinte positivos.

A maioria de nós tem experiências profundamente frustrantes ao se dirigir a um ouvinte do primeiro círculo. Quando você fala com um ouvinte assim, tem a nítida impressão de que ele está ausente e não olha para você. Ele está em outro lugar, e não com você o tempo todo. Você pode se sentir ignorado ou desimportante para ele. Se você é um líder e ouve no primeiro círculo, provavelmente parecerá rude, indiferente e desinteressado. Provavelmente também é muito solitário, já que a maioria das pessoas desistiu de tentar fazer contato com você. Pode ser que só perceba isso — como aconteceu com um cliente — quando tiver começado a perder as melhores pessoas de sua equipe, que estavam cansadas de ver as ideias delas caindo em seus ouvidos moucos.

Ouvintes do terceiro círculo

Os ouvintes do terceiro círculo ficam impacientes. Estão à frente de toda a comunicação e agem como se soubessem o que você vai dizer. Podem até terminar suas frases. Ouvem o argumento geral, mas frequentemente perdem os detalhes do que você diz.

Se você é um ouvinte do terceiro círculo, perde bons funcionários, porque eles se cansam de seus gritos e se sentem desvalorizados e não apreciados.

Grande parte de nossa incapacidade de ouvir bem no segundo círculo se deve ao fato de que o mundo está nos bombardeando com sons estáticos irrelevantes e invasivos. Há tanto barulho lá fora, que temos de nos fechar e nos retirar. De certa maneira, estamos vivendo num mundo do terceiro círculo que ataca nossos ouvidos com uma poluição sonora generalizada.

Aprendendo a ouvir

Em vez de exercícios específicos, vou sugerir mudanças simples na prática de ouvir para "endireitar seus ouvidos".

- Tente experimentar o silêncio de vez em quando. Nenhum lugar é completamente silencioso, mas passar algum tempo buscando o silêncio e ficando calado em lugares tranquilos ajudará seus ouvidos a recuperar a sensibilidade natural.
- Em silêncio, deite-se no chão ou sente-se ereto e capte os sons à sua volta.
- Agora você está ouvindo no segundo círculo. Quando se acostumar a esse silêncio, ponha uma de suas músicas favoritas para tocar em volume baixo. Seus ouvidos vão se esticar para o som, melhorando sua audição.
- Observe como você ouve pessoas que lhe interessam. Permaneça no segundo círculo e aprecie realmente o que elas estão dizendo.
- Cheque se seus ouvidos não se afastam para o primeiro ou terceiro círculo. Você começará a entender que pode chamar sua atenção de volta e até recapturá-la pondo o corpo e a respiração no segundo círculo.
- Um dos sinais que você verá em muitas pessoas quando se desligarem é que elas prendem a respiração ou não respiram para você.
- Continue respirando e terá uma chance de continuar ouvindo.
- Agora pratique a permanência no segundo círculo enquanto ouve pessoas que o incomodam, que não o respeitam ou que se sentem superiores a você. Isso não vai ser fácil, mas você aprenderá um bocado sobre si mesmo e sobre as pessoas à sua volta.

- As pessoas que você normalmente não ouve ficarão estimuladas e você descobrirá importantes insights nelas. Isso lhe dará mais estratégias para lidar com forças negativas e você começará a fazer alianças fortes ouvindo com força positiva.

Resumo

- A audição focada e atenta é uma habilidade que muitas pessoas perderam, mas que pode lhe dar tremendas vantagens se for praticada regularmente.

- O silêncio é uma ajuda maravilhosa para desenvolver habilidades de audição — busque-o sempre que possível.

Agora você tem conhecimento e habilidades suficientes para trabalhar na maioria dos desafios que enfrentará. As ferramentas desse negócio — corpo, respiração, voz, discurso, estrutura e audição — estão disponíveis para melhorar sua forma e sua expressão. Estas são as áreas que você precisará trabalhar quando perceber que não está presente ao falar.

Pode ser que já conheça seus pontos fortes e suas fraquezas, mas é provável que em alguns desafios você precise focar na presença, tanto em forma quanto em conteúdo.

Se acha que o conteúdo não está sendo comunicado, então trabalhe nas palavras e na estrutura. Sempre deve deixar claro para si mesmo por que está falando e o que pretende atingir com seu discurso.

Depois de treinar milhares de oradores, eu diria que você nunca consegue trabalhar sua respiração o suficiente — quando tenho que lidar com um orador apavorado, relaxar a tensão no ombro com uma respiração descendente é essencial para dar a ele uma chance de combate.

Agora que está armado com habilidades práticas, você verá, na próxima seção, os desafios comuns a uma comunicação eficiente que poderá enfrentar.

3 Desafios

ESTRESSE E MEDO

A pior coisa que você pode fazer com qualquer estresse ou medo é não reconhecê-lo! Essa negação é bem possível se você está blefando no terceiro círculo ou se escondendo no primeiro. Você tem que saber que o estresse e o medo podem ser grandes bloqueios em qualquer tentativa de comunicação. Tem que reconhecer seus medos e os bloqueios que eles criam para permanecer presente e poderoso em meio a essas emoções.

Sintomas de estresse e medo

As manifestações gerais de estresse e medo aparecem no corpo, na respiração e na voz das seguintes maneiras.

Um apresentador habitual do primeiro círculo experimenta uma grande implosão de energia — as emoções o atacam, encolhendo seu corpo, abreviando sua respiração e reduzindo sua voz. Essa implosão de energia pode fazê-lo tremer. Tudo isso pode ocorrer antes mesmo de você começar a falar. Você engole palavras, se apressa e se confunde. Esquece pensamentos ou para onde uma ideia está indo. Sua audição se torna autocrítica.

Os sintomas físicos específicos incluem ombros rígidos e curvos, uma sensação de que a parte superior do peito está presa, mandíbula rígida e dificuldade de engolir. A cabeça pode estar puxada para baixo, com a coluna e os joelhos travados. O estômago pode doer e, se ficar rígido, impede que a respiração envie o ar para a região abdominal, que é nosso reservatório de poder. Quando o pânico aumenta, o corpo fica tão tenso que o ar pode chegar apenas até a parte superior do peito. Você pode sentir que é capaz de desmaiar. Todo o público saberá que um orador do primeiro círculo está apavorado.

A manifestação de estresse e medo no terceiro círculo é geralmente uma sensação de que o corpo está prestes a explodir. O corpo parece sair do chão e se preparar para levar um soco no queixo. A respiração é forçada e faz barulho, a voz pode se tornar alta demais e insistente, a fala é precisa demais, o pensamento pode ficar preso num ponto, e ouvir a si mesmo pode se tornar algo tão controlador, que qualquer interrupção pode ser abafada por seu volume vocal. Especificamente, os ombros e a parte superior do peito se elevam, a cabeça é puxada para trás, os dentes trincam, a coluna pode doer por ficar rígida, a respiração fica bloqueada nas costelas, a postura é distante demais e a região pélvica é puxada para frente. Depois de falar, a voz pode ficar arranhada e cansada. Muitos membros da plateia não saberão que um orador do terceiro círculo está nervoso, mas perceberão uma sonora insensibilidade. Muitos de meus clientes do terceiro círculo que tinham medo em apresentações reagiam com agressões inadequadas às observações do público, sem consciência de que estavam ferindo pessoas, e ficavam chocados quando eram criticados depois pela agressão.

A terrível verdade sobre o estresse e o medo é que eles não são nada atraentes para os outros. Sua agonia e sua dor sofrem uma enorme rejeição do mundo. Até mesmo os espíritos mais doces podem parecer detestáveis se o medo tomar conta deles. No primeiro círculo, você parece fraco, tímido, passivo-agressivo, manipulador ou autoindulgente. No terceiro círculo, o medo comunica intimidação, agressão, insensibilidade e arrogância.

A tarefa é saber que você ficará estressado e temeroso, mas aplicar suas habilidades técnicas e não permitir que os efeitos tirem você da presença no segundo círculo! Quando reconhecer onde e como o medo e o estresse tomam conta de você, você terá uma chance de passar por essas tensões e permanecer presente no mundo e com o mundo. A qualidade mais positiva do segundo círculo é que você está focado fora de si e se preocupando com os outros, e não com si mesmo, o que pode reduzir imediatamente o estresse e o medo.

Conhecendo seus inimigos

Para ter consciência de seus hábitos sob medo ou estresse, você tem que estar no segundo círculo. Isso é difícil, porque a primeira coisa que o medo e o estresse fazem é expulsar sua presença ou colocar você em uma atitude de fuga ou luta, o que também não ajuda. Para combater o estresse e o medo, e o impacto deles em você, vamos trabalhar suavemente de duas maneiras:
1. Você precisa trabalhar a si mesmo tão sutilmente quanto possível e notar as nuances do corpo com precisão, mas também reconhecer o hábito quando este aparecer.
2. Precisa enfrentar esses inimigos fora da situação de medo e estresse da apresentação profissional.

Vou incentivá-lo a examinar o que o estresse e o medo desencadeiam em você quando está num lugar seguro. Esses pequenos gatilhos lhe darão uma compreensão precisa sobre onde e como eles podem explodir ou implodir sob pressão.

Embora o estresse e o medo tenham manifestações físicas semelhantes, o primeiro é mais difícil de identificar, porque ele rasteja em nossa direção de maneira mais traiçoeira e pode ser que demore anos para seus efeitos serem percebidos. O medo é mais imediato e o poder que ele tem sobre você é inevitável. Entender os efeitos do medo dará uma compreensão sobre seus padrões de estresse. Pode ser que você já tenha consciência dos efeitos grandes e gerais do medo, mas tem que aprender a identificar os primeiros sinais sutis: os principais gatilhos que, quando compreendidos, podem ser acionados para mantê-lo no segundo círculo.

Exercício de gatilho de memória

- Pegue um bloco de notas e uma caneta para registrar qualquer gatilho físico.

- Deite-se de frente, com as panturrilhas apoiadas numa cadeira e as coxas relaxadas em ângulo reto com o chão. Você está adotando a posição de relaxamento profundo.

- Fique confortável e seguro. Ponha uma pequena almofada sob a cabeça e faça este exercício em um lugar onde não seja incomodado.

- Respire de forma calma, lenta e profunda.

- Faça isso até seu corpo inteiro relaxar no chão, o peito calmo e aberto, ombros abertos, mandíbula solta.

- A respiração deve fluir sem que qualquer coisa a prenda, as costelas se mexendo suave, mas completamente. A região abdominal deve permitir o movimento pleno da respiração para baixo, para a área da virilha.

- Aproveite essa posição e tome consciência de todo o seu corpo e seu ritmo respiratório com uma mente do segundo círculo agindo em você.

- Cheque seu corpo e sua respiração, note e relaxe qualquer parte que esteja presa.

- Fique nessa posição até se sentir centrado e seguro.

- Agora, com plena concentração e foco do segundo círculo, visite em sua memória quaisquer acontecimentos ou pessoas que associe ao medo.

- Pode ser que não precise de ajuda, mas se precisar, eis algumas lembranças comuns: falar em público, perda ou morte, humilhação, fracasso, solidão.

- Tente ser tão exato quanto possível em suas lembranças.

- Volte a examinar seu corpo e sua respiração.

- Alguma coisa mudou? Você consegue observar alguma tensão em seu corpo e em sua respiração? Se consegue, onde elas estão atuando?

- Tente isolar qualquer padrão de tensão física, de controle e de ritmo respiratório.

- Anote qualquer observação.

- Volte a relaxar.

- Agora visite o presente e verifique qualquer medo que você tem vivido atualmente.

- Observe se há alguma mudança em seu corpo e em sua respiração e onde ela acontece.

- Anote qualquer mudança.

- Repita o processo e visite medos futuros.

- Vire-se de lado e, lentamente, fique de pé, centrado, no segundo círculo. Pode ser que tenha que caminhar pela sala ou empurrar uma parede para voltar a se concentrar.

- Em pé, revisite qualquer lembrança de medo que tenha criado uma reação mais nítida em você e observe como ela se manifesta. Essas consequências podem ser bem pequenas, e incluem movimentar levemente o corpo para trás ou empurrá-lo para frente, ou ajustes na mandíbula, na coluna, no estômago ou nos joelhos. Podem ser tensões bem pequenas, mas lembre-se que pequenas mudanças podem se multiplicar de maneira debilitante sob pressão, desencadeando uma série de reações que podem imobilizar você.

- Repita o processo na posição sentada, verificando e notando se você se mexe sobre o assento, ficando inquieto e rígido.

- Reúna todas as suas descobertas e terá um mapa físico e respiratório de seu medo.

Quando estiver pronto, pode repetir a experiência para mapear seus padrões de estresse.

- Começando pela posição deitado no chão, procure lembranças que o estressam. Elas podem incluir: preocupação com dinheiro, muita coisa para fazer em pouco tempo, pressão em deslocamentos — dirigir em engarrafamentos, perder o trem, aparelhos quebrados, colegas de trabalho ineficientes, filhos, brigas em família etc.

- Ponha-se no presente e no futuro com essas ameaças ao seu bem-estar.

- Perceba quaisquer mudanças físicas ou respiratórias. Elas ocorrem nas mesmas áreas e da mesma maneira que o medo?

- Tome nota.

- Em pé e sentado, os padrões de estresse podem ser inicialmente menos óbvios, exceto por uma aflição geral que você poderá descobrir em todo o seu corpo. Mas tente encontrar o lugar-chave. Isso só é possível se você estiver no segundo círculo.

- Agora você tem uma lista de sintomas físicos e respiratórios para tratar quando estiver amedrontado ou estressado. Está começando a conhecer seus inimigos e pode agora planejar estratégias para desarmar reações que tiram seu poder.

Estratégias

Examine sua lista. Você experimentou uma sequência de sintomas em três posições físicas: deitado, em pé e sentado. Agora, ponha essas três posições em colunas separadas e faça as duas perguntas seguintes.

1. O que acontece primeiro quando você está deitado, em pé e sentado?
2. Em cada uma dessas posições, o que teve mais impacto sobre seu sofrimento? A respiração, os ombros, a região abdominal etc.

Na lista "deitado", você pode ter notado primeiro a respiração presa, seguida de ombros erguidos e mandíbulas presas. Na lista das posições sentada e em pé, esses sintomas podem ser diferentes ou iguais. Agora, você está começando a identificar o que lhe tira inicialmente o poder físico e respiratório, e por onde isso passa em seu corpo e em sua respiração.

Quando terminar de fazer a lista, terá o início de um conhecimento real sobre seus inimigos físicos e respiratórios. Esse processo não é uma ciência exata, porque a complexidade do medo e do estresse depende de muitos fatores em transformação, e é por isso que você tem que permanecer alerta e presente a todas as reações possíveis. O que você terá é uma crescente compreensão sobre uma série de bloqueios ao seu poder, sobre como pode tratar isso e sobre quando isso ocorre.

A próxima etapa se torna uma preparação no mundo. Você tem que procurar acontecimentos em sua rotina diária — procure-os realmente — que sabe que podem lhe causar medo ou estresse.

- Pode se oferecer para falar em uma reunião que o assusta.
- Pode questionar um colega que o assusta.
- Pode cumprir uma tarefa que lhe deixa estressado ou, pior, você pode não se afastar de uma pessoa que o assusta quando ela entrar em seu espaço.

Esses acontecimentos podem ser pequenos. Às vezes os acontecimentos pequenos ajudam mais do que os grandes eventos a compreender as mudanças sutis em seu corpo. Não pense que estou pedindo a você para se expor ao perigo, mas estou sugerindo que se arrisque a ter algum estresse ou medo para praticar estratégias, porque esse trabalho exige prática.

Quando você vive e está presente nos acontecimentos, ajusta conscientemente suas tensões e sua respiração.

Suas estratégias podem ser assim:

- "Meus joelhos estão estendidos" — solte-os.

- "Meus ombros estão ficando tensos" — relaxe-os.

- "Parei de respirar" — respire.

- "Minha respiração está ficando fraca" — respire fundo.

- "Meu corpo está se movendo para trás" — ficarei presente e para frente.

Essas estratégias são simples, mas eficientes, e começam a se tornar orgânicas. Seu estado natural é um aliado, porque o corpo e a respiração querem ficar naturais e ficarão aliviados por você ajudá-los a fazer isso. Você quer e ficará extremamente feliz por conseguir sobreviver ao estresse e ao medo. Não subestimo a coragem que algumas dessas atitudes exigirão; consequentemente, você tem que se permitir retirar-se de uma situação quando necessário. Porém, no momento em que sentir que pode monitorar seu corpo e sua respiração nesses acontecimentos menores e permanecer no segundo círculo, você estará pronto para as situações maiores e mais amedrontadoras. Nenhum encontro entre você e o medo será o mesmo e você começará a controlar as respostas e a permanecer presente.

Enfrentando o medo de se apresentar

Vou levar você a um evento imaginado: falar para um público de duzentas pessoas, sobre uma plataforma e atrás de um púlpito. Você preparou sua apresentação e aqueceu seu corpo, sua respiração e sua voz.

- Antes do evento acontecer, visite o espaço.

- Fique em pé e respire no lugar onde você fará sua entrada.

- Imagine seu medo e regule a respiração.
- Encontre uma parede que possa empurrar para afastar qualquer pânico na respiração.
- Pratique caminhar sobre a plataforma mantendo-se conectado ao segundo círculo.
- Pratique respirar no espaço enquanto você caminha.
- Pratique se aproximar do púlpito e ficar no segundo círculo ao lado dele. Você consegue empurrar o púlpito e respirar sobre ele. Experimente para ver se consegue.
- Respire o espaço e acalme sua respiração.
- Pratique afastar-se caminhando no segundo círculo.
- Se está usando notas ou recursos tecnológicos, pratique a respiração lendo o texto e usando os recursos tecnológicos.
- No início do evento, aguarde seu momento e respire descendentemente e com calma tanto quanto possível.
- Regule qualquer tensão e relaxe-a.
- Empurre uma parede e respire se começar a sentir pânico.
- Ao caminhar, conecte-se com o público respirando o espaço.
- Faça contato visual com o público.
- Não se apresse. Chegue ao púlpito, fique confortável e olhe para o público, respirando continuamente.
- Resolva, antes de se apresentar, qualquer tensão que sentir nos ombros, na mandíbula e nos joelhos.
- Certifique-se de que suas notas estão no lugar antes de começar.

Você fez todo o possível em sua preparação para manter seu medo afastado, mas precisa saber também que o medo pode atacá-lo no meio do evento. Se você começou bem, não deve olhar para trás, mas sim lançar-se com um uso positivo de adrenalina. Mas isso nem sempre acontece. Esteja preparado para um ataque de medo a qualquer momento — ao primeiro sinal de dificuldade de respirar ou tensão física, aja imediatamente. É claro que o medo no meio do evento é iniciado por algo que não estava planejado. Um aparelho que quebrou, uma nota fora de ordem, uma pergunta inoportuna, uma plateia negativa etc. O segredo simples é nunca sair do segundo círculo, nunca pensar que você está em casa são e salvo até realmente terminar a apresentação, nunca comentar um erro, mas passar por cima dele e continuar. Nenhuma apresentação é perfeita, e a verdade é que qualquer evento ao vivo pode fazê-lo tropeçar e levar a problemas. Como diz Hamlet: "A prontidão é tudo."

Ainda não discuti sua voz ou fala sob estresse, principalmente porque se você consegue permanecer fisicamente no segundo círculo e respirar plenamente, então sua voz permanece conectada quando você está sob pressão. Se já notou que sua voz treme, está mais aguda ou parece ficar presa sob pressão, precisa parar, respirar e abrir a garganta pensando num bocejo. Essas estratégias abrem sua voz e podem ser realizadas tão sutilmente, que seu público não notará que você está se reconectando.

Você precisa aquecer bem a voz antes de qualquer evento estressante e permanecer na voz do segundo círculo para alcançar e tocar seu público. Quando estiver nervoso, use uma clareza extra de articulação para conter seus nervos vocais e a necessidade de se apressar; reduza o ritmo e, enquanto fala, pense no significado de cada palavra.

Por fim, o medo pode turvar sua visão, portanto olhe em volta para ver objetos o mais claramente possível. Você pode fazer uma pausa em qualquer momento de sua apresentação para respirar e olhar o público para canalizar sua energia, mas permaneça sempre em sua presença.

SEU EGO

Nenhum de nós conheceu uma pessoa bem-sucedida ou que estivesse trabalhando para ter sucesso que não tivesse uma boa dose de ego.

Mas quando seu ego vai além de uma dose saudável e entra na vaidade, na superioridade e na arrogância do terceiro círculo, ou quando é empurrado para o constrangedor "preciso que gostem de mim" do primeiro círculo, você está enfrentando outro grupo de inimigos de suas apresentações poderosas. Um ego muito ou pouco inflado arrancará você do segundo círculo e colocará um significado por trás de tudo o que você disser. O significado do terceiro círculo comunica: "Sou melhor do que vocês e subestimo vocês." No primeiro círculo, o significado de comunicação é o inverso: "Eu não deveria estar aqui. Por favor, sejam simpáticos comigo. Eu superestimo vocês."

A maioria de nós trabalha a vida inteira os efeitos negativos de nossos egos, portanto não posso oferecer soluções rápidas. Porém, há três pontos de foco que encontrei ao longo de anos trabalhando com atores e que podem ajudar, principalmente se você está no segundo círculo, cuja energia está relacionada à conexão com os outros, e não consigo mesmo.

1. Todas as pessoas querem que os outros gostem delas, mas se você pensar nisso racionalmente, verá que é algo que não pode controlar. A verdade é que, se há vinte pessoas na sala, provavelmente tem alguém neste grupo que não gosta de você — e nada pode ser feito quanto a isso! Eu diria que quanto mais tentar fazer com que gostem de você, pior será. Igualmente importante: tudo bem se certas pessoas não gostam de você. Eu realmente detestaria que Hitler gostasse de mim! Tudo o que você pode fazer é acreditar em seu trabalho e atuar da melhor maneira possível em qualquer circunstância.

2. Quando um ator acredita que é melhor do que a peça ou o público, está caindo no narcisismo. Os grandes atores têm humildade, de tal modo que respeitam o material e o público. Já ouvi muitos atores dizendo que o trabalho deles é contar a história conforme escrita e que certamente haverá alguém na plateia que conhece mais o personagem do que eles. Todo mundo pode adotar esses pontos de concentração em seu trabalho antes e durante uma apresentação.

3. Você pode se preparar no segundo círculo e perceber quando seu ego interferir em sua preparação. Essas interferências podem ser simples, como "Farei com que gostem de mim com essa história", "Isso vai impressioná-los", "Eles não vão entender isso". Você tem uma ideia do que é isso. Quando essas vozes aparecem em sua preparação, você tem que trabalhar para ficar no segundo círculo e avaliar se a "voz" é válida e se você precisa mudar seu ego ou o material para continuar sendo totalmente direto e confiável.

O problema com o ego no terceiro círculo é que ele pode levá-lo a não compreender totalmente as ameaças à sua volta. Você pode ficar desatento aos conspiradores. Um ego no primeiro círculo pode enfurecer aqueles que trabalham com você, porque eles acham que você está segurando informações, quando na verdade está apenas preocupado consigo mesmo. Foi um choque terrível para um CEO de uma grande empresa financeira quando soube que sua diretoria estava conspirando para derrubá-lo. Ele estava tão satisfeito consigo mesmo e preocupado com suas próprias ideias, que não notou como seu ego deixava todos ao redor dele ressentidos. Uma gerente do primeiro círculo bastante eficiente ficou igualmente chocada ao descobrir que sua preocupação com ela mesma era vista como uma técnica astuta para controlar as pessoas à sua volta.

Nos dois casos, o ego havia impedido os líderes de perceber claramente seus colegas. Quando ambos começaram a trabalhar no segundo círculo, perceberam, de maneiras diferentes, o quanto foram valorizados ao libertarem seus egos.

CONSIDERAÇÕES COSMÉTICAS

Você vai querer ter a melhor aparência possível em suas reuniões e apresentações, mas há importantes considerações e equilíbrios para acertar, já que nem todos os acessórios de que gostamos são úteis se queremos nos apresentar com todo o nosso poder.

A roupa poderosa tem sido uma preocupação há algum tempo, porém você precisa ter cuidado para que esse cuidado cosmético não o prenda em uma concha muito bonita, mas que bloqueia sua verdadeira presença. O que quer que escolha para vestir em qualquer evento, você precisa praticar e trabalhar com a roupa e os sapatos e, mais importante, não deixar que ninguém interfira no que está vestindo imediatamente antes do evento. Jamais use algo que tire você de sua zona de conforto e que lhe foi dado sem que tivesse o tempo adequado para ensaiar.

Recentemente, um brilhante porta-voz da área financeira me procurou depois de ver a si mesmo na televisão. Em sua apresentação, ele parecia uma marionete de madeira. Isso era estranho, já que normalmente ele se apresentava com muita eficiência. Acontece que, antes de ir ao ar, o entrevistador havia lhe sugerido fechar o paletó sobre o peito para disfarçar uma parte amassada. O porta-voz ficou tão preocupado com o paletó, que não ousou se mexer. Outro cliente ficou aflito porque havia se apresentado muito mal como orador em um banquete em Londres. Ele era um orador muito bom, mas tivera um ataque de pânico durante o discurso e, sem conseguir continuar, foi obrigado a interromper a apresentação no meio. Acontece que ele tivera que se vestir de maneira bastante formal para o evento, o que incluíra uma gravata-borboleta e uma faixa em torno da cintura e, pior ainda, da região abdominal. Ele não conseguia respirar direito nem mexer a cabeça e, embora se sentisse desconfortável, não lhe ocorrera que deveria ter ensaiado com a roupa, o que teria lhe dado uma chance de ajustá-la. Isso talvez significasse apenas afrouxar o colarinho e a faixa alguns centímetros.

Houve também o caso da CEO de uma empresa de TV que estava em pé de guerra com o presidente da companhia. Acontece que o presidente era um homem baixo, e ela decidiu usar saltos extra-altos para intimidá-lo numa reunião crucial. Talvez fosse uma boa tática, mas a CEO se esqueceu de praticar caminhadas com aqueles saltos. O que aconteceu foi que ela se desequilibrou durante sua apresentação e perdeu a respiração e a luta pelo poder.

Lembre-se que roupas que atrapalham sua postura, seu corpo e sua respiração tiram-no do segundo círculo. As áreas cruciais são seus pés, que precisam fazer contato essencial com o chão. Qualquer roupa que pese muito sobre seus ombros ou que seja apertada no pescoço, nas costelas e na região abdominal é problemática para sua apresentação. Quando alguém lhe maquiar antes de uma apresentação na TV, mantenha seu rosto se mexendo para que seus músculos não fiquem rígidos.

O cabelo é importante, principalmente se tiver um estilo frágil ou deixar seu rosto tenso — o cabelo preso puxa seus músculos faciais e pode distorcer sua fala. Evite estilos de corte que escondam seu rosto e seus olhos. Isso é particularmente importante se você está falando em uma sala ou espaço grande. Os olhos comunicam através do espaço, e o cabelo bloqueará essa ajuda vital para envolver a plateia. Cuidado com joias que incomodam as mãos, o pescoço ou as orelhas; isso pode incluir uma corrente de insígnia, medalhas e até mesmo uma tiara. O peso das joias ou o equilíbrio delas em seu corpo tem um impacto enorme sobre sua capacidade de permanecer presente, conectado e, portanto, de comunicar.

As roupas mais eficientes são aquelas com as quais você se sente fisicamente relaxado e respirando com facilidade. Os sapatos devem permitir que sinta o chão e permaneça sólido sobre este. Vista qualquer roupa, sapato ou acessório novo ao se preparar para a apresentação e ajuste-o se estiver apertando. Fique em pé, sente-se e caminhe com a roupa. Mova os ombros e os braços para sentir qualquer tensão e ajustar-se. Estique-se dentro das peças o máximo possível e esteja preparado para desistir de qualquer figurino se não conseguir se mover dentro dele no segundo círculo. Em minha juventude, quando fui assistente de vendas de uma grande loja em Londres, fiquei intrigada ao ver uma mulher experimentando uma série de saias. Ela saía da cabine com cada uma das saias, sentava-se e abria as pernas. Quando viu o quanto eu estava intrigada, disse: "Eu toco violoncelo em uma orquestra e tenho que usar saias que me permitam tocar." A lição me marcou. No caso dos sapatos, centralize-se no chão sem os sapatos e, em seguida, calce-os e ajuste-os para descobrir se consegue ainda sentir o chão e quanto ajuste é necessário para seu corpo ficar bem. Repita isso até sentir que os sapatos são controláveis e que você ainda consegue ficar no segundo círculo com eles nos pés. Quanto mais altos os saltos, mais você tem que praticar caminhadas, e alguns sapatos devem ser abandonados.

Sempre peque em favor da presença do segundo círculo em seu corpo e sua respiração, e não do impacto cosmético. Sua mensagem é mais importante do que uma aparência que o impeça de transmitir o conteúdo de sua apresentação — a não ser que seja obrigado a atrair um público com seus apelos cosméticos por não ter nada a dizer. Um político muito glamouroso me disse certa vez: "Eu só fico com uma aparência realmente impecável quando não tenho nada a dizer."

TECNOLOGIA

Minha experiência me diz que muita gente fracassa miseravelmente quando se apresenta com ajuda da tecnologia. Acho que há duas razões principais para isso.

1. Há uma suposição de que a tecnologia fará o trabalho para você. Isso porque quando você dispõe de sistema de amplificação de som e recursos visuais, acha que o trabalho já está feito e que não precisará trabalhar duro ou permanecer tão presente.
2. As pessoas não praticam o bastante com os recursos tecnológicos nos ensaios.

Utilizar tecnologia e apresentar-se bem com ela são habilidades extremamente sofisticadas que exigem trabalho intenso e repetição. Sem preparação, pode ser desastroso.

Acredito que apresentar-se com tecnologia exige mais preparação do que sem qualquer tecnologia, a não ser que você seja só um show sem nenhum conteúdo. Se você tem um bom conteúdo, precisa permanecer totalmente presente com a tecnologia ou ela o engolirá.

Amplificação

Muitos oradores recorrem demais a microfones e os tratam como se fossem seus salvadores. Isso resulta em uma redução da voz, do alcance, do contato visual, da respiração e da presença do orador. A amplificação só aumenta o que você produz, portanto se ela reduz você, essa redução é amplificada para o público. Mesmo utilizando qualquer forma de amplificação, você ainda precisa alcançar o público no segundo círculo, respirar o espaço, permitir que as palavras se movam na extensão de sua voz, manter uma energia presente durante a apresentação e articular claramente o fim das palavras. Os microfones, na verdade, exigem mais precisão em sua técnica. Se você está ofegante, o público ouvirá o ruído de sua respiração, assim como ouvirá uma voz enrolada como uma voz enrolada ainda mais alta, e não como uma fala mais clara.

Alguns microfones são fixados em você, perto da garganta, e têm uma caixinha que fica presa geralmente na cintura. Isso pode puxá-lo para o primeiro círculo, se você não estiver trabalhando conscientemente dentro dessas restrições físicas. Apresente-se como se estivesse sem microfone. Você não precisa de energia vocal extra com a amplificação, mas todo o corpo, respiração e voz do segundo círculo ainda precisam estar no lugar. Sua cabeça não deve estar inclinada para se conectar ao microfone, mas sim erguida, para você se conectar com o público.

O mesmo se aplica quando se está diante de um microfone ou segurando-o. Mantenha o microfone de mão reto e ligeiramente abaixo da boca, com o cuidado de olhar para o público e de não manter o olhar distante. Com um microfone à sua frente, tenha cuidado para não retesar o corpo inteiro ao ficar concentrado num ponto. Se estiver em pé, ajuda ficar com os joelhos relaxados e manter os pés no chão com a energia na sola. Isso vale para falar ao microfone tanto em pé quanto sentado. Mantenha a respiração para baixo e faça contato visual com o público. Essa técnica simples realmente ajuda em entrevistas de rádio. Uma palavra de advertência: ao usar um microfone, se você estiver conectado ao aparelho antes ou depois da apresentação, cuidado para não falar indiscrições. Sua piada sobre o CEO pode ser comunicada à conferência. Um apresentador em Nova York recebeu fortes aplausos quando se encaminhava para se apresentar. Não tinha a menor ideia do motivo até perceber que todo o público havia ouvido cada etapa de sua visita ao banheiro antes de entrar.

Ajuda visual

Lembre-se sempre que você deve ser mais interessante do que gráficos ou imagens em uma tela ou em um quadro branco. De outra forma, você não seria necessário para uma apresentação; um filme seria melhor.

Isso pode parecer muito duro da minha parte, mas se você está usando a ajuda visual como um escudo ou um paliativo em vez de fazer uma apresentação de verdade, então precisa questionar se sua presença ali é necessária. Quando você está presente com essa ajuda tecnológica, sua presença tem que estar acima e além dela. Por exemplo, não olhe nem fale na direção do gráfico ou da tela que está usando. Se tiver que olhar para esses acessórios, olhe e, em seguida, volte-se para o público antes de falar. Na prática, você está se mantendo presente com a ajuda, recebendo energia dela e voltando-se para o público com essa energia. Você está presente com a ajuda, mas está sempre se comunicando com o público no segundo círculo. Isso prova ao público que ele é mais importante do que um gráfico ou uma imagem.

Ao se preparar para falar utilizando um suporte visual, seja bastante crítico em relação a quanto você precisa dela e a como sua apresentação poderia ter mais impacto sem ela. Lembre-se que todos nós estamos acostumados demais a imagens incríveis no cinema e na TV. Na verdade, você é mais potente do que um gráfico e sua humanidade é mais comovente do que uma imagem. E lembre-se que a tecnologia pode falhar e que sua apresentação deve funcionar sem ela — trata-se meramente de um apoio.

Telefone, teleconferência e comunicação com vídeo

O telefone pode ser um obstáculo a uma boa comunicação. O problema principal é relaxar demais no primeiro círculo, principalmente quando a outra pessoa está falando.

O velho truque de se levantar ao receber um telefonema difícil é uma maneira rápida de se colocar no segundo círculo.

Nunca relaxe e saia do segundo círculo. Fale por meio de instrumentos com a energia presente e não perca o olhar, nem se distraia, nem se desligue quando alguém estiver falando. Ouça no segundo círculo. Lembre-se de que todos nós podemos perceber quando alguém com quem estamos ao telefone está fazendo outra coisa enquanto falamos. Se o telefonema é importante, ponha toda a sua energia nele.

Teleprompter

Muitos oradores usam o recurso do teleprompter em apresentações grandes e cruciais. São muitas as ocasiões em que uma apresentação tem que estar roteirizada precisamente. Falar de memória é a forma mais poderosa de apresentação, seguida do trabalho com notas estruturadas. Porém, às vezes não é possível aprender o conteúdo a tempo ou o material é tão importante ou potencialmente perigoso, que seria pouco inteligente não usar um teleprompter. Nele, as palavras rolam numa tela que fica tão próxima de sua linha de visão quanto possível, mas posicionada de tal maneira que você não perde contato visual com o público. As palavras se movem com você e esse movimento é controlado por (de preferência) um técnico bastante hábil.

Se você passar algum tempo observando um bom locutor de notícias, verá como o teleprompter pode ser usado. Para usar um, há duas habilidades necessárias e indispensáveis. A primeira delas é a leitura à primeira vista.

Todos os apresentadores devem praticar a habilidade de ler à primeira vista. O desenvolvimento de uma boa leitura à primeira vista é mais fácil quando se está completamente no segundo círculo, mas ainda assim exige um bocado de repetição. O trabalho não é complicado: você precisa dar uma olhada no texto, começar a ler em voz alta, tirar os olhos do livro, fazer contato no segundo círculo com o público — que pode ser uma câmera — e em seguida voltar, sem pânico, ao livro para colher a próxima série de palavras. Ao repetir essa tarefa, sua leitura à primeira vista vai melhorar e você aprenderá a olhar antecipadamente para ver onde estão os pensamentos e as pausas. Você deve praticar isso o bastante, até conseguir dar sentido ao que está dizendo. Pratique a leitura à primeira vista com um livro e trabalhe para fazer contato visual com todo o público, de modo que as palavras preencham um teatro. Em seguida, repita imaginando que você está falando para uma câmera. A próxima habilidade é praticar a leitura em uma tela. Você pode reproduzir essa situação lendo em uma tela do computador, ou imprimindo seu discurso e fixando-o numa parede. O objetivo dessa prática é ler à primeira vista e virar-se suavemente para o público, no segundo círculo, para falar. Quando essas habilidades são boas, o público não sabe que o ponto está ali.

Se você for usar um teleprompter, deverá preparar seu discurso de modo a utilizá-lo como um lembrete sofisticado e preciso de sua apresentação. Isso permite a você mais do que uma leitura direta clara: permite uma fala apaixonada. Barack Obama usa teleprompter com frequência. Observe seus discursos com cuidado e perceberá que há um de cada lado do microfone. Ele sabe os discursos, mas usa os aparelhos como lembretes. Isso lhe permite dar paixão a seus discursos, mas manter-se no rumo certo. O único problema que enfrentou inicialmente com os teleprompters foi o fato de sua cabeça ir de um lado para o outro, de uma tela para outra, de modo que ele falava para os lugares das telas, e raramente para a parte principal do público, à frente. Depois ele fez o simples ajuste de receber as palavras de uma tela e olhar para o público e falar antes de ir para a outra tela e repetir o processo.

Alguns apresentadores se sentem tão bem com teleprompters, que caem na armadilha das armadilhas. Nunca dependa tanto de um produtor a ponto de não preparar um discurso. Há uma história famosa de um fabuloso apresentador, um político, que confiava em seu carisma e charme naturais para divertir o público. Ele nunca preparava o discurso, já que era brilhante com o teleprompter. Confiava seu material — e sua autenticidade — a uma equipe de pesquisadores e escritores. Dependia de uma tecnologia para se alimentar do material e nunca se preparava ou mesmo se importava em saber qual seria seu público ou o que discutiria em uma reunião específica. Acionava seu charme, chegava a um evento e lia. Depois de alguns anos, os membros de sua equipe estavam cansados e irritados com sua arrogância e sua atitude desagradável em relação ao trabalho deles. Então, prepararam e programaram com precisão a queda dele. Certo dia, ele tinha uma apresentação que poderia mudar sua vida e, na verdade, a vida de outras pessoas.

Ele chegou, ligeiramente atrasado, e fez sua entrada. Bem vestido e penteado, com uma bela voz natural. Caminhou para o palco com toda a confiança do mundo, mas sem ter se informado sobre o tema da apresentação e sem conhecer o público. Começou bem, fez a plateia rir e olhou para o teleprompter para apresentar seu primeiro argumento. O aparelho começou a funcionar e ele iniciou a apresentação aparentemente conhecendo o assunto. Duas reflexões depois, olhou para o teleprompter para receber a ideia seguinte. Na tela do ponto, havia quatro palavras.

"Você está sozinho agora."

E mais nenhuma outra palavra.

É claro que nenhum charme ou habilidade cosmética para falar pôde poupá-lo de uma terrível humilhação e um sério revés em sua carreira.

E-mails e textos

O motivo pelo qual muitos e-mails e textos podem parecer rudes e fortes, quando não brutais, é que não são escritos no segundo círculo! São escritos em linguagens do primeiro e terceiro círculo e muitas vezes com muito pouco cuidado.

Ao escrever um e-mail ou texto, você tem que imaginar simplesmente que está diante do destinatário em pessoa. Isso não significa que não possa abreviar palavras, mas ainda assim você precisa ter em mente que o destinatário é um ser humano. Deve tomar cuidado especialmente se a mensagem é difícil, e precisa aplicar todas as técnicas da comunicação no segundo círculo que você usa ao estruturar e escrever utilizando a tecnologia. Use sua imaginação para satisfazer o destinatário e perceber como ele poderia responder ao material.

O problema dos e-mails e textos rudes é uma questão tão importante em alguns locais de trabalho, que eles foram proibidos quando uma informação importante ou difícil precisa ser comunicada. A crença é de que uma comunicação difícil deve ser feita pessoalmente. E isso, em minha terminologia, significa estar totalmente presente no segundo círculo. Como minha avó costumava dizer: "Trate o outro como você gostaria de ser tratado." Um conselho simples, mas humano, principalmente quando o objeto de comunicação não está presente em carne e osso.

Parte 2
A apresentação vencedora na prática

1 Apresentações

Se você está se apresentando, deduz-se que tem algo importante a dizer. Pode ser até que esteja em posição de precisar reunir o grupo.

Prática

Você não imagina quantas pessoas chegam despreparadas para o treinamento. Quando pergunto como se preparam, descubro que a prática delas é silenciosa e passiva. Isso não é prática, pois você não pode se preparar para falar com presença sem praticar em voz alta a respiração, a voz ou os músculos da fala. O poder e a energia são físicos, e você não pode fazer isso mentalmente. Ficar apenas pensando não é eficaz para sua presença ou confiança.

- Pratique em voz alta. Com isso, não quero dizer resmungar ou se atrapalhar fisicamente, mas praticar de forma plena e vigorosa. Enfrente fisicamente sua apresentação.
- Entre em seu corpo.
- Respire para baixo com pleno poder, engajando o apoio.
- Fale em um segundo círculo focado. Coloque as palavras no espaço.
- Articule claramente cada sílaba.

Quando praticar dessa maneira, saberá se está alcançando uma comunicação no segundo círculo efetiva. Enquanto não se comprometer totalmente com sua voz e seu material, você não saberá o que tem e nem se conseguirá cumprir a tarefa diante de você.

O material é seu? Se for, você se sente confortável com as palavras; está se esforçando muito ou sendo casual demais? O equilíbrio entre formal e informal é decisivo. Se você é formal demais, ofende. E se é informal demais, também ofende. Certifique-se de estar falando palavras que você possui e imagina, e com as quais se sente confortável, mas que não são ofensivas. Esse equilíbrio é crucial se você quiser soar autêntico, sem, no entanto, ofender ninguém. Uma piada mal colocada destrói sua carreira em algumas circunstâncias.

Se as palavras não são suas, trabalhe-as para se comprometer verdadeiramente com elas. Você precisará se conectar com todos os termos, imaginá-los e vislumbrar o impacto deles sobre seu público.

Pesquise seu público. Nunca deixe de saber como ele é. Isso pode significar pesquisar uma única pessoa, se o público for formado por uma só pessoa. Novamente: este é um ato que visa o equilíbrio, porque você não quer tratar o público com superioridade, nem ofendê-lo, nem passar por cima dele! Tudo isso pode ocorrer, mas uma concentração presente em seu público ao se preparar minimiza os riscos.

Pratique as estruturas de seu discurso. Qual é a viagem e a história do discurso que você viu fazer? Acreditar na história é importante. Se você não tem tempo suficiente para se preparar completamente, tenha a estrutura básica da história e da viagem que quer que o público faça com você. Quando as estruturas estão no lugar, você tem uma chance de mudá-las e fazer desvios se o público requisitar uma mudança de foco.

Há ritmo em sua apresentação? Há andamento? Ao se preparar, você começará a evitar pausas constrangedoras, hesitações, repetições aleatórias e sons não verbais que só servem para perturbar e confundir o público. Você sabe que "hums" e "ahs" bloqueiam o movimento da presença para frente e só atrapalham você e o público.

Prepare-se sentado, em pé e andando. Isso pode significar também segurar um microfone. Na preparação, cubra todas as possibilidades, e isso inclui imaginar que o pior pode acontecer. De verdade! Quando sugeri a ideia da "pior situação" em uma oficina, as pessoas reagiram com certo horror. Uma delas disse: "Eu jamais falaria em público se fizesse isso." Bem, acredito que você ficará bastante vulnerável e estará muito perto de um desastre se não imaginar o pior acontecendo em uma apresentação. Na verdade, muitos clientes me procuram porque o pior aconteceu e eles estavam tão mal preparados, que ficaram mudos e não conseguiram se recuperar. As situações que enfrentei com clientes incluem chegar para se apresentar e descobrir que a pessoa que você vai criticar está na plateia, ou não se preparar para uma sessão de perguntas e respostas e ser derrubado por uma pergunta não imaginada, ao fim de uma ótima apresentação. Prepare-se para ouvir um membro cínico da plateia afirmando antes de sua apresentação: "Ah, você não vai discutir essa ideia, vai?" E "essa ideia" é a base de sua apresentação.

Essas são histórias de terror que ouço o tempo todo, mas se você estiver preparado para elas, terá uma chance de lidar com isso. Venho do teatro, e atores realmente caem do palco e têm que voltar para ele e continuar. Lecionei para muitos comediantes de stand-up e praticamos em voz alta, considerando todos os piores e inoportunos comentários possíveis vindos da plateia, e preparamos respostas, que são sempre dadas aos importunadores com uma energia do segundo círculo.

Faça uma lista: fale quais são as piores situações e piores perguntas ou interrupções possíveis que você poderia enfrentar. Analisando todas as possibilidades, você se prepara e, assim, é menos provável que elas aconteçam! Esse processo é sempre positivo para sua apresentação e gerou boas ideias para alguns de meus clientes. Enfrentar o terror pode ser algo bastante criativo e libertador.

Prepare-se

Prepare-se no segundo círculo e saiba realisticamente quanto tempo você tem para se preparar. Você nunca tem muito tempo, e quanto mais cedo começar, melhor. Se tem apenas um dia, abra espaço para a preparação nesse dia.

Há cinco pontos de preparação.
1. Conteúdo.
2. Corpo, respiração, voz e fala.
3. Foco no público e no que este precisa.
4. Espaço, acessórios e tecnologia.
5. Preparação imediatamente antes do evento.

1. Conteúdo

- Qual será a duração da apresentação? Evite extrapolar o tempo. Saiba quais são os limites e entenda sempre o que você está comunicando em sua apresentação, e por quê.

- Escreva notas claras sobre seu objetivo e sobre o que você sabe e pode oferecer à apresentação.

- Confie em seu conhecimento e tenha clareza sobre os argumentos que você, e só você, pode apresentar.

- Permaneça presente em si mesmo enquanto honra sua contribuição única para a apresentação.

- Qual é a história que você quer contar?

- O que você quer revelar?

- Como você pode educar o público?

- Você acredita em seu conteúdo o bastante para estar apaixonado? Se não, tente encontrar paixão dentro dele.

- Estruture sua apresentação com começo, meio e fim. Como você vai começar? Procure ser direto e estimulante. Inicie a história. Em seguida, trabalhe para levar o público em uma viagem que avança para uma conclusão. Ao se preparar, imagine que a conclusão pode transformar o pensamento do público.

- A coisa mais importante que você pode fazer é falar alto durante toda a apresentação.

- Pratique seus pensamentos e fale-os no segundo círculo, com energia e direção.

- Esse processo pode levar tempo, mas continue fazendo-o até sentir que seu conteúdo tem uma estrutura poderosa.

- Neste momento, escreva a estrutura e o conteúdo de sua apresentação.

Muita gente falha no conteúdo de uma apresentação porque tenta fazê-la em um estilo no qual não se sente à vontade e que sabe que não consegue realmente fazer. Recentemente, um executivo com o qual eu estava trabalhando me disse: "Meu chefe me disse que eu deveria contar algumas piadas para fazer o público rir, mas não sei contar piadas." Não faça aquilo que sente ser incapaz de fazer. O que funciona para outras pessoas não necessariamente funciona no seu caso. Se os estilos que sugeri o deixam desconfortável, não se arrisque a se sentir assim. Uma cliente tinha um ótimo senso de humor e começou a trabalhar com ele em seu conteúdo. Não contou piadas, mas hoje faz as plateias rirem com seu estilo de linguagem.

É neste momento que você precisa começar a tomar uma decisão sobre se vai se apresentar com notas, decorar todo o conteúdo ou simplesmente lê-lo. Jogue com essas três opções e, desde que tenha tempo, não é preciso se decidir sobre como se apresentará até se aproximar do evento. A maioria das pessoas que tem medo de se apresentar precisa, por segurança, ter algum tipo de nota, mas abordarei essa opção mais tarde.

2. Corpo, respiração, voz e fala

- Mesmo enquanto você ainda está começando a conhecer seu conteúdo, prepare-o com o corpo, a respiração, a voz e a fala ativamente e em voz alta, evitando fazê-lo afundado em uma poltrona, sentado à mesa ou resmungando.

- Fique em pé ou sentado, pronto e ativamente no segundo círculo.

- Fale, qualquer que seja seu conteúdo, nesta posição.

- Respire e apoie o conteúdo com a respiração enquanto este se desenvolve em sua cabeça e em seu coração.

- Expresse plenamente o conteúdo com sua voz. Chegue mesmo a entoá-lo para um ponto no segundo círculo e em seguida fale-o.

- Articule as palavras completamente. O compromisso físico e vocal nas primeiras etapas da preparação ajudará você a desenvolver e aprimorar o conteúdo. Expressando totalmente uma ideia, você saberá rapidamente se ela funciona ou não.

- Por favor, ao trabalhar, não tenha medo de mudar o conteúdo. Quando você sente que algo deveria ser diferente, esse instinto geralmente está correto.

- Depois de cada exercício, faça anotações relevantes. O que funciona e o que não funciona? Preciso de mais articulação? Preciso de mais respiração?

Nesta etapa, sua apresentação estará tomando uma forma palpável. Estará começando a se tornar viva e vital.

3. Foco no público e no que este precisa

- Passe algum tempo imaginando o público e pesquisando-o. Pergunte, a si mesmo o que o público espera e precisa, mesmo que seja difícil para você adquirir esse conhecimento.

- O que você está tentando alcançar com o público?

- Você está ali para informá-lo e educá-lo?

- Ou para louvá-lo e gratificá-lo?

- Sua intenção é inspirá-lo e levá-lo a um novo patamar?

- Reflita, no segundo círculo, sobre os três itens acima e você provavelmente descobrirá que precisa de todos os três.

- Tenha consciência de seus pontos fortes e ponha-os em seu conteúdo.

- Tenha consciência também de suas fraquezas e tente encontrar ideias e histórias que o ajudem a lidar com elas.

- Elogie, desafie e informe com a verdade.

Procure saber se o público estará do seu lado, se ficará entediado com o assunto abordado, ou mesmo contra ele. Isso será difícil, mas é melhor imaginar todas as possibilidades do que manter a cabeça enterrada na areia! É sempre fácil ignorar as questões difíceis em uma atitude de primeiro ou terceiro círculo. No segundo círculo, você tem uma chance de enfrentar a verdade, o que só serve para fortalecê-lo.

4. Espaço, acessórios e tecnologia

Esta seção é sobre pesquisa. Pode ser que você já conheça o espaço onde se apresentará, mas se não o conhece, descubra o máximo que puder sobre todos os detalhes dentro e em torno desse espaço.

- Qual é o tamanho do espaço?
- Quantas pessoas estarão ali?
- Você ficará em um palco acima do público ou o público estará acima de você?
- O público estará à sua frente ou haverá pessoas também nos dois lados?
- Você entrará pela lateral, diretamente de frente para o público, ou terá que subir escadas para chegar ao lugar da apresentação?
- Ficará sentado, vendo o público, antes da apresentação?
- O palco é acarpetado ou de madeira?

- É inclinado?

- Você ficará diante de um atril ou em pé e sem nada?

- Como será iluminado? Neste caso, conseguirá ver o público?

- Usará microfone? Como? De pé diante do microfone? Será um microfone fixado em você ou um microfone de mão?

- Qual é o tipo de microfone de sua preferência? É possível escolher?

- Se você usará efeitos visuais, descubra se terá que operá-los. Se não, quem o fará?

- Certifique-se de que terá água em temperatura natural ao seu alcance facilmente.

- Descubra o que o público estará fazendo imediatamente antes de sua apresentação. Depois do almoço, assim como por volta das 16 horas, é mais difícil obter a atenção de uma plateia.

Mesmo que não consiga obter respostas para metade dessas perguntas, você estará mais preparado do que a maioria, e terá começado a se imaginar no espaço, o que realmente ajuda a reduzir o medo.

Você começará a reconhecer as necessidades exigidas de sua apresentação. Por exemplo, começará a saber o quanto precisará praticar a respiração; se a iluminação permitirá um contato visual com o público no segundo círculo; se estará diante de um atril onde poderá apoiar suas notas ou se terá que segurá-las. Se puder escolher, prefira uma situação que o ajude a permanecer presente. Escolha a amplificação que preferir ou, se não tiver escolha, comece a se preparar com o microfone que terá que usar. Sua pesquisa lhe dirá que tipo de entrada você terá que fazer — subir degraus ou atravessar uma grande plataforma. Isso poderá ser então praticado no segundo círculo.

Descubra que tipo de roupa seria adequado para o evento e comece a trabalhar com vestimentas que sejam aceitáveis, mas também confortáveis. Sapatos que o ajudem a fazer contato com o chão são essenciais, principalmente se você vai se apresentar em um lugar inclinado ou acarpetado.

Mesmo que você conheça o espaço em que está prestes a se apresentar, ainda será necessário pensar nele com muito cuidado e encará-lo sob o seu ponto de vista. Seria muito útil visitar o espaço e ouvir outra pessoa se apresentando, permanecendo atento aos pontos discutidos anteriormente enquanto ela se apresenta.

Vou ser honesta: apresentar-se é perigoso e difícil, e as coisas podem dar errado. A pesquisa pode parecer inútil, mas é aí que está a coisa. Quanto mais você sabe e imagina sobre o evento, mais chances tem de superar os problemas e, portanto, ser bem-sucedido.

Bons apresentadores não dão nada como certo e, considerando todas as possibilidades, conseguem confiar cada vez mais em seu conteúdo e seu desempenho. Acredite em mim quando digo que quanto mais você fizer sua pesquisa básica, mais satisfação terá ao se apresentar. Muito rapidamente, essas perguntas da pesquisa se tornarão naturais para você e sua avaliação de cada espaço e evento será rápida e precisa. Em outras palavras, você começará a se tornar um orador profissional, e não amador. No teatro, temos um ditado: "Atores amadores acham que vai dar tudo certo na noite, os profissionais sabem que não vai." Eles se preparam.

5. Preparação imediatamente antes do evento

Um dia antes de se apresentar, fale toda a apresentação em voz alta e com plena energia do segundo círculo.

- Se você cometer erros, não se preocupe e não pare, porque é importante sentir a energia necessária e a extensão do discurso.
- Coloque todos os acessórios que você usará e vista a roupa apropriada.

No dia, chegue um pouco mais cedo ao local. Não corra o risco de se atrasar, porque isso aumentará em cem vezes seu medo.

- Se for possível ir ao local por conta própria com antecedência, agarre-se a essa oportunidade.

- Pratique andar pelo palco no segundo círculo (ou subir os degraus).

- Fique no centro do palco e respire o espaço até sentir que sua respiração toca todo o auditório. Faça isso muito calmamente.

- Fique em pé junto ao atril ou onde você sabe que terá de ficar.

- Fale alto para o espaço sem qualquer amplificação, apenas para sua voz soar no ambiente.

- Se está usando notas, onde as colocará? Onde está a água?

- Sente-se em um dos lugares mais distantes do espaço para ver como é o espaço visto dali. Em geral, você ficará surpreso ao perceber como parece pequeno do ponto de vista do público e, portanto, como precisará estar presente.

- Por fim, fique onde você fará sua entrada e respire. Procure uma parede sólida por perto, caso tenha necessidade de empurrá-la para fazer contato com sua respiração antes de entrar. Se estiver sentado e visível antes da apresentação, você poderá sentir o chão com a planta dos pés e empurrar os braços do assento para baixo.

Você precisa comer antes de uma apresentação importante, mas faça uma refeição leve mais ou menos uma hora antes.

Tente dar a si mesmo um período de cinco a dez minutos sozinho e sem distrações.

- Cheque seu corpo e relaxe qualquer tensão nos ombros, na mandíbula, na parte superior do peito, na coluna ou nos joelhos.

- Aqueça sua respiração: faça algumas inspirações profundas empurrando uma parede ou faça o abraço, deixando o tronco cair à frente para abrir a parte de trás das costelas.

- Suavemente, faça o zumbido para aquecer a voz e passe para o "ooh" focando-se em um ponto para colocar a voz no segundo círculo.

- Aqueça sua articulação e pratique o primeiro pensamento de sua apresentação.

- Sente-se em silêncio e concentre-se no que você precisa dizer ao público, a história de sua apresentação.

Enquanto espera para entrar, respire para baixo, através de seu medo, e mantenha os ombros relaxados.

- Continue respirando ao entrar e ao se posicionar, respire o espaço e olhe ao redor dele, fazendo um contato visual verdadeiro no segundo círculo.

- Comece a falar junto com a respiração.

- Se cometer algum erro, não fique preocupado. Cancele e continue. Todo mundo comete erros. Apenas siga adiante. Muitas vezes, as pessoas nem sequer notam o erro, mas notarão se você fizer comentários sobre ele, porque aí você terá saído do segundo círculo.

- Confie em seu material e aja apaixonadamente se você se sentir apaixonado.

- Permaneça presente e o público o acompanhará.

- A energia é contagiante. Se você sentir que o público está no primeiro ou terceiro círculo, não se deixe levar por essa energia. Permaneça presente. Se você habitualmente fica no terceiro círculo, poderá ficar tentado a reunir uma plateia do primeiro círculo ou confrontá-la com uma energia do terceiro círculo. Se seu hábito é o primeiro círculo, qualquer público ausente vai convencê-lo a voltar para o primeiro círculo. Combata essas tentações e permaneça presente.

Pode acontecer de você ter que fazer uma apresentação e ser avisado apenas um dia antes. Neste caso, precisa trabalhar todos esses pontos rapidamente e com eficiência. A melhor situação é quando você é avisado algumas semanas antes ou quando dá a si mesmo pelo menos duas semanas para se preparar.

Quando você se prepara o suficiente, começa a perceber que pode memorizar a apresentação e, melhor ainda, que à medida que aprimora essa habilidade, consegue conhecer suas estruturas e falar para o público mantendo-se envolvido e sem necessitar de um texto planejado palavra por palavra.

Esta é uma característica de um orador realmente bom.

Enfrentando os desafios do espaço

Sua energia tem que se equiparar a qualquer espaço onde você trabalhe, o que significa que seu corpo, sua respiração e sua voz têm que alcançar os perímetros do espaço onde você está se apresentando.

Todos nós sabemos que um espaço maior dá trabalho, mas uma possível armadilha ao se apresentar em espaços pequenos é que eles podem lhe dar uma falsa sensação de segurança. Você pode se tornar casual demais, a ponto de se tornar inaudível. O interessante, no entanto, é que uma plateia pode perdoá-lo por ser inaudível em um espaço enorme, mas não o perdoará se você o for em um espaço menor do que uma sala de estar de tamanho médio.

Vamos dar uma olhada nos desafios do espaço e em como você pode trabalhar em diferentes locais. Você sabe se prefere as apresentações íntimas às grandes, portanto pergunte a si mesmo: gosto dos espaços grandes porque posso soltar a energia e não me conectar realmente com o público, mas sim controlá-lo? Prefiro lugares pequenos porque posso permanecer em minha concha sem revelar ou compartilhar realmente nada sobre mim? Agora você percebe que uma resposta "sim" a qualquer uma das duas perguntas não é viável se você quer se apresentar com poder.

Como permanecer presente em qualquer espaço

Se você tem uma reunião ou apresentação, procure visitar o espaço com antecedência. Mesmo que já conheça o local, vá até lá e cheque a dinâmica e a acústica.

Que tipo de acústica o espaço tem? Para checar isso, você tem que descobrir se o espaço é vivo ou morto. Uma acústica viva tem eco e exigirá mais dicção. Se você fala em um espaço vivo, sentirá o eco de sua voz voltando para você. Se não consegue ouvir qualquer retorno ao falar, você está em um espaço morto e sua voz está sendo absorvida pela estrutura. Esses espaços exigirão mais ressonância para que sua voz possa alcançar o público. O público também absorve o som, portanto uma grande plateia terá o efeito de amortecer sua voz. Isso significa que um espaço vivo vazio melhorará com a presença de um público e um espaço morto vazio ficará mais morto com corpos dentro dele.

Quais são os materiais presentes na sala? Carpetes e cortinas podem abafar sua voz; já o concreto a torna mais nítida. A madeira e a argamassa são maravilhosas para a projeção da voz humana, e esses espaços foram criados para favorece ao máximo uma comunicação ao vivo.

- Quando estiver sozinho no espaço, coloque-se onde você se apresentará e respire o espaço. Imagine sua respiração indo para cada canto da sala.

- Relaxe sua voz em um "ooh", passando para um "ha" para tocar o espaço com o som, e fique bastante atento para não deixar o som cair e entrar numa voz do primeiro círculo. Permaneça no segundo círculo até o fim do som e termine-o sem qualquer queda.

- Conte até mais de dez aumentando os números e sustentando a contagem no espaço: 1, respire, 1,2; 1, 2, 3 etc. Sinta o ar de cada expiração mover-se pelo espaço e direcione sua voz, através da contagem, para assentos específicos, permanecendo em contato com todo o espaço através do corpo e da respiração.

- Se você sabe como começará sua apresentação, pratique o início no espaço. Entoe algumas palavras e, em seguida, fale-as sem forçar.

- Lembre-se que espaços grandes exigem mais dicção, portanto pratique pronunciando o fim das palavras e definindo palavras com várias sílabas.

Termine a apresentação mantendo-se parado. Tenha certeza de que aquele espaço já era seu desde o momento em que você entrou para fazer o discurso, e o que você disse era tão importante que precisava passar o conteúdo de sua fala para o público.

Sei que visitar um local de apresentação é um luxo; portanto, eis como agir quando você entrar em um espaço desconhecido onde não teve a oportunidade de praticar.

- Entre com o corpo no segundo círculo, com andamento físico e clareza.

- Antes de entrar, se houver uma oportunidade de empurrar uma parede para fazer a respiração para baixo, aproveite-a. Até mesmo uma das mãos sobre uma porta será de enorme utilidade.

Ao entrar no local, olhe em volta e respire o espaço. Enquanto isso, faça contato visual com o público.

- Passe algum tempo sentindo a respiração e a prontidão de seu apoio na região abdominal inferior antes de começar a falar.

- Alcance o público no segundo círculo permanecendo sobre a planta dos pés. Sustente a voz e certifique-se de estar articulando. Faça contato com o público para se assegurar de que está realmente satisfazendo-o com sua presença e não desista dela se o público estiver no primeiro ou terceiro círculo.

- Leve em conta a altura do espaço e como isso afeta seu corpo.

- Em um espaço pequeno, permaneça presente em seu corpo, não permita que o ambiente ou o número de pessoas o comprimam. Isso significa que você tem que lutar contra o desejo de ser casual e se reduzir ao primeiro círculo.

- Em um espaço grande, evite empurrar seu corpo e sua voz para o terceiro círculo ou ficar inquieto e entregar sua energia para o primeiro círculo.

Quando tiver que esperar algum tempo antes de falar, permaneça presente. Isso é particularmente importante quando o público pode vê-lo. Seus nervos ou sua impaciência podem ser observados por todos. E, por favor, não deixe as pessoas interferirem em sua concentração enquanto você se prepara e quer permanecer presente. Essa atenção pode ter boas intenções, mas pode atrapalhá-lo e tirar sua energia. É necessário pedir educadamente para que o deixem sozinho e, por favor, não ache que você tem que entreter os outros antes de um evento importante. É melhor conservar sua energia.

Tenha consciência de que a energia do público é contagiante, portanto, quando cinquenta pessoas estão entediadas antes de você iniciar sua apresentação, é fácil recuar para o primeiro círculo ou se jogar no terceiro. Permaneça presente e conectado. Quando a reunião e o espaço são pequenos, essa energia contagiante pode ser mais potente e sua reação negativa será mais destrutiva para você mesmo.

Lembre-se de não relaxar sua energia positiva ao se virar de costas para o público ou ao deixar o espaço.

Logo saberá quais são os espaços que o deixam mais confortável, mas ainda assim terá que trabalhar para sentir a mesma facilidade nos espaços menos acolhedores. Você pode praticar imaginando espaços difíceis e trabalhando suas reações físicas para conquistar essas arenas.

O grupo e a intimidade

Algumas pessoas são melhores se apresentando para grandes grupos e outras, para círculos mais íntimos.

Esta seção o ajudará a combinar essas habilidades e o fará perceber que um grande apresentador pode fazer as duas coisas.

O tamanho de um grupo não é importante se seu corpo, sua respiração, sua voz, sua mente e seu coração estão conectados ao segundo círculo. Portanto, se você tem preferência por um grupo grande, é porque está usando o tamanho para esconder sua presença, e não para revelá-la.

Grupos grandes realmente tiram sua energia. Você tem que se expandir, mas não para o exagero do terceiro círculo. Se conseguir fazer isso, poderá se sentir mais confortável e protegido do que quando está mais exposto em um ambiente íntimo. Porém, se conseguir se conectar com um grupo grande no segundo círculo, conseguirá igualmente se conectar neste círculo em cenários mais íntimos.

Grupos pequenos

Se, para você, um grupo grande é confortável no segundo círculo, tudo o que precisa fazer é transferir essa energia para um espaço menor.
Experimente este exercício.

- Vá para um espaço grande; uma sala ampla resolve.

- Assuma uma postura física de segundo círculo e respire o espaço até se sentir conectado com ele.

- Agora fale no espaço até sentir que o está preenchendo com energia vocal do segundo círculo. Evite forçar a voz ou deixar que ela caia no primeiro círculo.

- Quando se sentir conectado ao espaço, sente-se em uma cadeira com outra cadeira à sua frente. Permaneça no segundo círculo e agora respire para a cadeira até sentir que sua respiração diminuiu em relação ao espaço grande, mas ainda está ativa, dinâmica e tocando a cadeira.

- Neste momento, fale as palavras com mais intimidade para a cadeira e para uma pessoa imaginada.

- Você deverá sentir uma tensão diminuindo, mas ainda mantendo você no segundo círculo, sem reduzi-lo para o primeiro círculo.

Indo até o espaço, você aprecia o foco do trabalho e depois, com a mesma tensão do segundo círculo, consegue reduzir esse foco para um ambiente íntimo.

Você poderá precisar repetir essa recolocação de energia, mas acabará entendendo que pode ser tão íntimo e eficiente em um espaço pequeno quanto em outro maior.

Grupos grandes

Agora vamos examinar o uso inverso de energia.

Este exercício é para pessoas que sabem que são mais eficientes no segundo círculo em um ambiente íntimo.

- Encontre um espaço grande — pode ser uma sala grande, mas é importante que a amplitude da sala faça você se sentir desconfortável.
- Arrume o espaço da seguinte maneira: ponha uma cadeira em frente a outra para poder construir um espaço no qual normalmente se sente confortável.
- Sente-se na cadeira virada para o espaço, mas concentre-se na cadeira à sua frente.
- Sente-se no segundo círculo de forma alerta e presente.
- Respire para a cadeira à sua frente e, em seguida, fale no segundo círculo algumas frases para essa cadeira. Faça isso até se sentir totalmente conectado e alcançando essa cadeira.
- Isso deve ser fácil quando é aquilo em que você se sobressai.
- Quando se sentir seguro nessa conexão, mude seu foco para um ponto além da cadeira, no espaço, e imagine que a pessoa para a qual você está falando está mais distante.
- Respire para ela, fale para ela até se sentir conectado com a pessoa ao longo dessa nova distância.
- Nesse momento, afaste ainda mais a pessoa imaginada e repita, falando com respiração e voz no segundo círculo até se sentir conectado.

- Faça essa mudança de distância até a pessoa imaginada estar no fundo da sala.

- Quando sentir uma conexão ao longo dessa distância, expanda seu foco e passe a incluir nele toda a extensão da sala.

- Agora você está levando a qualidade de sua conexão íntima no segundo círculo para todo o espaço.

Quando fizer este exercício e tiver sucesso nele, faça o mesmo processo em espaços maiores até entender física e organicamente como seu trabalho íntimo pode ser ampliado para grupos de pessoas cada vez maiores.

Sessões de perguntas e respostas

Agora é possível perceber que eu acredito que você deve sempre considerar as piores situações a partir do ponto de vista do segundo círculo, sensível.

Muitas apresentações excelentes fracassam na sessão de perguntas e respostas. O que tende a acontecer é que depois de uma ótima apresentação você pode relaxar demais no primeiro círculo ou assumir uma posição de autoparabenização e mover-se para o terceiro círculo. As duas mudanças podem deixá-lo exposto a uma pergunta difícil da plateia.

Essa vulnerabilidade à sessão de perguntas e respostas é igualmente possível em reuniões menores, se você não estiver suficientemente preparado.

Lidando com perguntas e respostas

Eis alguns pontos que devem ser considerados:

- Pratique em voz alta, e no segundo círculo, todas as possíveis perguntas difíceis e, em seguida, pratique as respostas.

- Ao terminar a apresentação, não aceite nada como fato consumado, não relaxe, nem se sinta satisfeito demais consigo mesmo.

- Quando receber uma pergunta difícil, respire e permaneça centrado, olhe no segundo círculo para a pessoa que fez a pergunta, respire para ela e então responda cuidadosamente e com o devido respeito.

- Se uma pessoa quer perturbar você, ela quer que você vá para o primeiro ou terceiro círculo. O próprio ato de você reconhecer isso no segundo círculo dará a ela uma sensação de alívio e respeito.

- Se você responder a ela no segundo círculo e ela insistir em lhe causar problemas, ainda assim você terá que encerrar a discussão permanecendo no segundo círculo.

Minha experiência me diz que as pessoas que fazem as perguntas mais difíceis são silenciadas pelo foco nelas, no segundo círculo, e por uma resposta clara, também no segundo círculo. A ira dessas pessoas é alimentada por um apresentador que reage de maneira automática, no primeiro círculo, ou com um ataque no terceiro círculo.

De improviso

Todas as informações da sessão de perguntas e respostas se aplicam a momentos de improviso em preparações e reuniões.

As observações de improviso só são um choque porque não são esperadas.

Espere-as.

Por exemplo, se você está em uma reunião, tem que esperar que peçam sua opinião. Não acredite que a reunião não exigirá que você opine.

Portanto, durante uma apresentação ou reunião, esteja ativamente consciente de suas respostas e ideias quando estas lhe ocorrerem, anotando-as.

Não estou sugerindo que fale qualquer coisa que ache que não é solicitada, mas se mantiver uma consciência permanente das ideias que estão fluindo por você, haverá uma forte possibilidade de responder com clareza ao ser desafiado ou solicitado a dar sua opinião. Se acha que não é uma pessoa importante e que não será solicitado a contribuir, está no primeiro círculo e acabará sendo solicitado. Uma pessoa passiva em uma reunião começa a incomodar os outros que contribuem. Por outro lado, um colaborador exagerado do terceiro círculo acaba irritando os outros, e uma observação ou ideia apropriada acabará sendo ignorada, em um ato de vingança. Esteja preparado para colaborar, mas sempre de maneira apropriada.

Lendo o material

Quando você assiste ao noticiário na TV ou escuta uma rádio, muitas vezes vê ou ouve alguém lendo mal uma declaração. Esta é uma experiência que desconecta tanto o leitor quanto o público.

Muita gente ainda está presa à ideia de que ler é mais seguro do que falar ao mundo.

Compreendo que pessoas em circunstâncias precárias não podem se arriscar a cometer o erro de falar uma frase difamatória, portanto ler é uma opção segura. Mas você precisa perceber que ler bem é mais difícil do que falar bem.

Isso pode acontecer porque o material não é seu, ou talvez porque você o tenha escrito de maneira literária, e não oral.

É assustador o fato de que você pode ser solicitado a ler sem qualquer preparação, e então você tem que confiar em suas habilidades de leitura à primeira vista, que analisei na seção sobre o teleprompter. Pratique a leitura à primeira vista, mas pratique também qualquer leitura que você sabe que tem que fazer. Nunca acredite que será fácil. Quando tiver o luxo da preparação, leia em voz alta, com plena atenção no segundo círculo, e, em seguida, explore a leitura com todos os exercícios de conexão de estrutura e posse que praticamos.

Prepare-se para trabalhar qualquer leitura pelo menos três vezes antes de falar. Quando tiver que ler sem qualquer tempo para preparação, vá para algum lugar privado — um banheiro pode ser bom — e leia articulando as palavras sem som e certificando-se de que está respirando. Isso pode ser feito em alguns minutos e salvará você.

Notas

As pessoas se apegam às notas como se estas fossem uma garantia, mas elas podem lhe dar uma falsa sensação de segurança.

Você não deve se apegar tanto às notas, pondo-se no primeiro círculo. Pode ser que ache que escrevendo suas notas não precisará se preparar muito. Isso é potencialmente desastroso. As notas funcionam se você se preparar plenamente e depois escrever os pontos importantes para formar suas notas. Suas notas são, assim, uma orientação para você, mas não um salvador.

Dessa maneira, você levará as notas para uma apresentação ou reunião como garantia de segurança, mas não as usará.

Se realmente precisa checar suas notas, deve permanecer no segundo círculo com o público ao olhar para elas, respirar, ler o que for necessário e, em seguida, voltar-se suavemente para o público.

Não esconda o fato de que precisou olhar para suas notas. Dessa maneira, as notas fazem parte de seu processo de trabalho; você não entrou em pânico e se manteve conectado com seu conteúdo e seu público.

Dez passos para uma apresentação vencedora

1. Dê à sua apresentação uma estrutura — uma viagem com um começo forte e que avança e busca uma solução por meio de exploração. Corte qualquer palavra ou ideia aleatória.
2. Pratique em voz alta — foque em cada palavra e ideia neste momento, portanto pratique lentamente e em seguida passe

para uma velocidade natural. Depois, para a apresentação de fato, você precisará apenas de notas curtas para mantê-lo em seu rumo, caso a apresentação se desvie.
3. Relaxe as tensões de seu corpo e aqueça a voz.
4. Caminhe pelo espaço com presença e confiança naturais (não arrogância), e faça contato visual com o público.
5. Respire para o público para se conectar a ele (não respire pela metade para o público, nem além dele, nem acima dele).
6. Permaneça centrado e não estenda os joelhos.
7. Se estiver atrás de um atril, não foque no microfone — você ficará rígido e sua energia, contida.
8. Se estiver segurando um microfone, não foque no ato de falar através dele, mas atente-se ao público. Com a prática isso ficará mais fácil.
9. Prepare-se para todas as coisas que podem dar errado!
10. Seja você mesmo e acredite no que está dizendo.

Assistindo a uma apresentação

Ao assistir a uma apresentação, haverá duas principais atrações para sua energia.

Se o apresentador estiver no segundo círculo, sua tarefa será fácil e você conseguirá permanecer nele com facilidade. Você poderá se ver em um público que é uma entediada brigada do primeiro círculo ou um regimento desafiador do terceiro círculo. Mais provavelmente, haverá uma mistura das duas coisas e você terá que lutar contra a energia do grupo para ficar no segundo círculo. Se não lutar para ficar aí, poderá perder uma apresentação brilhante.

Se o orador estiver no primeiro, provavelmente todo o público acompanhará essa energia e, nesta situação, você terá que avaliar se é adequado para o apresentador que você esteja no primeiro círculo, passivo e maleável!

Se o orador estiver em um terceiro círculo controlador, você e o público poderão se sentir reprimidos, relaxar e aceitar a manipulação, ou você poderá ficar tentado a ser içado para um desafiante terceiro círculo.

Permaneça no segundo círculo e comece a conhecer o público à sua volta e as verdadeiras habilidades e intenções do apresentador. No segundo círculo, você não perderá mensagens importantes da apresentação e ficará com a consciência mais aguçada para perceber qualquer mentira no conteúdo.

Apresentando-se para a mídia

A energia mais prevalecente que você encontrará ao enfrentar a mídia é a de um primeiro círculo bastante casual. Essa abordagem tem três motivos prováveis.

1. As equipes e os apresentadores de televisão e rádio estão tão acostumados a produzir shows, que não vivem a excitação da mídia, permanecendo no limite do tédio.
2. Eles têm consciência de que você está nervoso ao falar para milhares de pessoas em uma transmissão e acreditam que precisa ser acalmado através da indiferença deles.
3. Você fica alarmado quando percebe que eles se fazem de casuais para você baixar a guarda e poderem massacrá-lo no ar, em uma entrevista.

Há apresentadores da mídia e jornalistas que são ótimos e cuidadosos, mas alguns percebem que destruir você como entrevistado é algo que impulsionará a carreira deles e será uma proeza maior do que mostrar você sob uma luz justa e boa. O pior aspecto da mídia é sua paixão por desastres e por expor pessoas.

Portanto, fique atento e permaneça num modo de sobrevivência do segundo círculo.

Prepare-se para todas as possíveis perguntas, ataques ou observações agradáveis que podem fazê-lo parecer vaidoso.

Eis as perguntas que você tem que fazer a si mesmo em plena presença no segundo círculo:

- Por que você está sendo entrevistado?
- O que você sabe que o mundo deveria saber?
- O que a mídia quer com essa entrevista?
- O que você precisa dessa entrevista?
- Quais são os pontos fortes de seu conhecimento?
- Quais são suas fraquezas?
- O que você quer revelar?
- O que eles querem que você revele?
- O que você não está disposto a revelar?
- Se houver um ataque, de onde poderá vir e como você poderá se defender?

Fazer ativamente essas perguntas dará à sua entrevista uma base mais firme.

Prepare-se

- Prepare em voz alta sua declaração de abertura, mas também esteja preparado para o caso de o entrevistador sair desse foco.
- Prepare o que você está disposto a falar em contraposição às coisas que não pode falar. Consequentemente, prepare-se para evitar — com tanta clareza quanto possível — os assuntos que não podem ser abordados.

- Prepare-se para conduzir a entrevista sabendo que eles poderão tentar conduzi-lo e poderão vaidosamente exibir seus próprios conhecimentos e sua esperteza, em vez de entrevistá-lo plenamente.

- Antes da entrevista, aqueça o corpo e sinta-se dentro dele com a respiração na parte inferior do abdômen.

- Se tiver uma oportunidade, cheque o local de sua entrevista e, mais importante, se você vai se sentar em uma cadeira que lhe permitirá estar presente com os pés no chão e a respiração para baixo. Sofás e bancos altos podem facilmente tirá-lo do segundo círculo.

- Durante a entrevista, permaneça no segundo círculo e respire para o entrevistador. Permaneça conectado a ele e ouça-o atentamente.

- Se as perguntas forem boas, responda-as. Mas se forem triviais, responda-as e direcione o assunto para onde você quer ir.

- Mantenha contato visual mesmo que você esteja no estúdio de uma rádio. E permaneça presente com o entrevistador mesmo durante os intervalos comerciais. Não perca o foco ou a concentração enquanto ele mexe nas notas dele.

- Na televisão, respire para o entrevistador e para a câmera. Esse foco duplo é difícil, mas possível no segundo círculo. Você pode praticar isso com dois pontos de foco antes da entrevista.

- Evite raiva, cinismo e desdém. Esses sentimentos farão você parecer e soar fraco e profundamente desinteressante.

- Não deixe que a bajulação tire você de sua guarda. Aceite elogios com boa vontade, mas não fique satisfeito demais a ponto de recuar para o primeiro círculo ou se envaidecer no terceiro. Se isso acontecer, você poderá ter sido manipulado e poderá receber uma pergunta que penetrará em sua presença.

- Ria de si mesmo, mas não deixe que isso se transforme em autodepreciação, porque assim você perderá sua credibilidade.

- Não difame outras pessoas nem permita a si mesmo ser indelicado com oponentes.

- Quando perceber que a entrevista está chegando ao fim, certifique-se de expressar seus pensamentos finais sucintamente.

- Tenha consciência de que poderão lhe pedir para ler algum material em sua entrevista. Isso pode ser importante se você tiver que fazer declarações legais ou cuidadosas, mas lembre-se que ler é mais difícil do que falar.

- Se um pouco antes do programa lhe derem um texto para ler, insista em lê-lo em voz alta pelo menos três minutos antes de fazê-lo em um programa ao vivo.

- Tenha consciência dos acessórios com os quais poderá se deparar.

- Na televisão, provavelmente vão maquiá-lo, e isso pode imobilizar um pouco seu rosto.

- Você terá uma caixa de microfone na cintura e um microfone fixo na parte superior do peito. Não permita que essas coisas restrinjam seu corpo ou sua respiração.

- Ao sentar-se, você ou sua roupa poderão ficar em uma posição que o restringirá. Liberte-se o máximo que puder e certifique-se de que consegue respirar e manter os ombros relaxados.

- As luzes serão quentes, e isso poderá incomodá-lo.

- Mantenha a respiração quando a entrevista estiver próxima de acontecer, não entre em um estado paralisado de medo e expectativa.

- Em uma rádio, respire para o microfone, mas olhe para o entrevistador.

- Fale com o entrevistador, não se ponha em um terceiro círculo desinteressante e insensível nem em um primeiro círculo resmungão.

- Um jornalista provavelmente gravará você falando e, como não haverá qualquer pressão imediata, você poderá relaxar demais e revelar, na gravação, coisas que não deveria dizer. Permaneça alerta.

Assista, ouça ou leia as entrevistas de novo, e faça isso com um claro estado de alerta do segundo círculo. Não seja crítico demais a ponto de não perceber as partes boas de sua apresentação, nem fique satisfeito demais consigo mesmo a ponto de não perceber os momentos negativos.

Como tudo na vida, esses encontros na mídia exigem prática, e quanto mais participar deles, melhor você se tornará, contanto que permaneça no segundo círculo.

2 Reuniões

Primeiras impressões

A primeira impressão é crucial. As ferramentas e os artifícios que você tem agora precisam ser usados desde o primeiro momento em que aparecer diante de uma plateia, ou de um único indivíduo influente, ou de qualquer pessoa de sua equipe de trabalho. Sua energia humana afeta todas as pessoas à sua volta, sem exceções — desde o chefe até a pessoa que limpa o escritório. Mesmo que você conheça aqueles com os quais vai se reunir, trate essa reunião como o primeiro encontro. Essa mentalidade vai centrar você e mostrará uma energia de atenção e respeito às pessoas com as quais se reunirá.

Entre sempre em qualquer sala com uma energia do segundo círculo. Isso pode significar que você tenha que andar com propósito pelos corredores antes de chegar à sala ou dar passos em seu escritório antes de partir. Isso dará poder imediato à sua entrada e a você, e terá impacto positivo sobre a reunião. Quando, antes de uma primeira impressão, você estiver estressado ou temeroso, empurre uma parede para engajar sua respiração e seu corpo e, ao se afastar da parede, continue respirando. Mova-se com essa energia pela sala ou sobre a plataforma onde você vai se apresentar.

Ao entrar em qualquer espaço, continue respirando calmamente e com a parte mais baixa possível do abdômen. Respire o espaço. Respire para o indivíduo ou o público que você está encontrando. Procure manter contato visual com eles. Não force o contato nem ceda à relutância deles em corresponder ao seu olhar. Permaneça conectado. Busque o contato visual com todo o seu corpo e sua respiração, e você estará presente e será inesquecível. Você também os atrairá para si mesmo e atrairá a sua energia positiva. Olhar para uma pessoa com presença é identificar quem ela é. Você não apenas terá um impacto sobre ela como descobrirá a sua autenticidade! Pode ser que tenha que praticar sua entrada numa sala no segundo círculo várias vezes. Faça isso quando não houver ninguém por perto, mas pratique! Quanto mais praticar, mais natural sua entrada se tornará. Há um motivo simples pelo qual os artistas causam impacto ao entrarem em um espaço. Eles praticam entradas e saídas durante centenas de horas.

Quando estiver pensando durante uma reunião ou apresentação, deixe sua mente pensar para fora, em vez de ficar introspectivo demais. Use a energia do espaço e as pessoas ao seu redor para reunir seus pensamentos.

Levantando-se

Receba aqueles que entrarem em seu território com energia positiva e foco. Pratique levantar-se no segundo círculo com o corpo centrado e com uma respiração plena voltada para a pessoa imaginada.

Se você é a pessoa mais poderosa, mostre generosidade ao se levantar com presença para receber seu visitante. Sua energia será contagiante, ou poderá expor qualquer falta de generosidade na pessoa que está recebendo. Qualquer hesitação no primeiro círculo ou bravata no terceiro círculo será desafiada por sua presença clara. Tenho incentivado muitas das pessoas mais poderosas do planeta a se levantar com plena presença, respiração e boa vontade. Não tenha vergonha de repetir. Todo grande artista do mundo repete muitas vezes.

Se você é a parte inferior dessa reunião, provavelmente está esperando para ser entrevistado ou convidado para um espaço. Enquanto estiver sentado esperando o inevitável, não relaxe no primeiro círculo nem se jogue no terceiro círculo. Permaneça presente em seu corpo e em sua respiração. Continue respirando tão fluidamente e tão para baixo quanto puder. Pratique tudo isso antes do evento e pratique levantar-se com energia e presença em seu corpo, sua respiração e com contato visual. Na sala de espera, tenha bastante consciência da cadeira em que está sentado com se fosse um daqueles sofás confortáveis que puxam você para trás; se não estiver consciente disso, poderá se ver lutando para se levantar. Empoleire-se para frente de modo a ficar pronto para se levantar facilmente e capaz de respirar naturalmente.

O líder do segundo círculo

Se for a pessoa mais poderosa da reunião, sua conduta no segundo círculo será muito bem-vinda e apreciada. Você está tratando as pessoas com as quais se reúne como iguais, e essa vontade instila boas relações profissionais. Todos nós sentimos falta de líderes que conhecem e usam seu poder bem, e esse conhecimento é notado no primeiro encontro.

Quando encontramos um líder que está no primeiro círculo, temos duas impressões claras:
1. Ele não sabe usar o poder e pode ser fraco.
2. Ele está escondendo seu poder e o usará, consequentemente, quando menos esperarmos, e é potencialmente perigoso.

Se um líder nos encontra no terceiro círculo — e este parece ser o problema mais comum — nós nos sentimos inferiores. O líder está sinalizando sua superioridade. Nós nos sentimos desnecessários, desconhecidos e irrelevantes. Possivelmente estamos nos encontrando com um intimidador e, assim, ou nos encolhemos ou vamos para o terceiro círculo, para um potencial enfrentamento.

Ninguém quer trabalhar para um líder do terceiro círculo, e é ainda pior quando somos tratados no terceiro círculo enquanto outros são recebidos no segundo círculo. Uma das questões cruciais de um líder é ser coerente e justo, e isso é comunicado com uma constante conexão do líder no segundo círculo.

Um líder pode e deve usar o poder, e isso será respeitado se for feito no segundo círculo.

Talvez você tenha o status mais baixo percebido na reunião, mas é igualmente importante permanecer no segundo círculo ao se reunir com as pessoas. Assim, você mantém a dignidade e comunica quem você é e que não é fraco (primeiro círculo) nem alguém difícil de lidar (terceiro círculo).

Na verdade, ninguém quer se reunir ou trabalhar nem com uma energia do primeiro círculo (quem é ele, o que está escondendo, será que ele vai colaborar?) nem com uma energia do terceiro círculo (será que ele pensa que é melhor do que eu, por que está me controlando ou me enganando, será que ele vai me escutar?).

- Qualquer que seja a energia lançada ou negada a você, permaneça no segundo círculo.

- Cheque sua postura, sua respiração, respire para quem quer que esteja produzindo uma energia negativa. Mantenha contato visual e fale continuamente com as pessoas.

- Não ceda. Permaneça presente.

Apertando mãos em reuniões

Todos nós já recebemos um aperto de mão pegajoso ou aquele excessivamente forte, esmagando nossa mão. Ou o tapinha fraco no braço ou nas costas, ou aquele tapa que pode variar do ligeiramente invasivo ao doloroso! O mesmo se aplica a abraços e beijos: o abraço fraco, o abraço de urso, o beijo no ar e o beijo invasivo, excessivamente sexual. Cumprimentos feitos com a energia errada podem fazer com que nos sintamos não reconhecidos e irrelevantes, ou controlados e manipulados.

Para um cumprimento bom, igual e generoso, mova-se na direção de quem quer que você esteja cumprimentando no segundo círculo, com seu corpo, sua respiração e contato visual. Conecte-se com essa pessoa ao apertar a mão dela e apresente-se com uma voz confiante e natural. Ao terminar o cumprimento, mesmo que se retraia fisicamente, permaneça presente com ela.

Tenha consciência de sua distância física em relação às pessoas. Ocupe seu espaço, mas não invada o dos outros. Na verdade, quanto mais você se mantém no segundo círculo, melhor avalia o espaço apropriado entre você e os outros à sua volta.

Lembre-se que a energia é contagiante, portanto permaneça presente mesmo que os outros não estejam. Essa vontade tornará você inesquecível e inatacável. Você representará poder no primeiro encontro e esse poder terá uma chance de acompanhá-lo durante a reunião ou evento. Quando você começa bem, tem muito mais chance de continuar bem.

Saindo ou partindo

Muitas boas reuniões e apresentações são sabotadas pela saída ou pela partida. A hesitação e a retração criam uma falta de término na partida que pode minar o sucesso de todo um evento ou reunião.

Algo está errado se você comanda uma reunião e as pessoas não sabem que ela terminou. Todos precisamos de começos e términos claros. Estes só são consumados por um líder que está no segundo círculo. Sua partida é a última lembrança que você deixa com um cliente ou uma plateia. Vá totalmente e com presença quando tiver que ir. Não perca tempo e não fique altivo. Seja claro e definitivo.

Lembre-se que a reunião só acaba quando você está fora da visão e foi embora. Isso significa que você tem que permanecer presente na longa caminhada pela sala grande ou pelo corredor, porque sua presença só deixa de ser percebida quando você já não está com a pessoa ou as pessoas. Seja definitivo ao sair e ao apertar mãos e dizer até logo. Respire, faça contato visual. Não hesite no primeiro círculo nem controle no terceiro círculo. Caminhe com presença e energia até ter certeza de que ninguém está vendo você.

Plano para uma reunião de sucesso

Conduzir uma reunião é algo complexo, mas há algumas regras básicas e eficientes que você pode ter em mente.

Dez perguntas para fazer a si mesmo antes de uma reunião

1. Por que estou conduzindo essa reunião?
2. O que quero alcançar?
3. Estou preparado para mudar minhas opiniões? Se não, por que estou conduzindo essa reunião?
4. Quem estará na reunião e qual é o papel dessas pessoas?
5. Qual é o meu papel?
6. Eu quero a presença de certas pessoas? Se não, por que elas estarão presentes?
7. Quem estou disposto a ouvir e em quem não confio?
8. Se não confio em alguém, o que posso fazer em relação a isso?
9. Qual seria o melhor resultado da reunião? Qual seria o pior?
10. Quais são as limitações de tempo na reunião?

Garanto que se você fizer essas perguntas em voz alta, com o corpo, a respiração e a voz plenamente no segundo círculo e em seguida escrever as respostas, ainda no segundo círculo, você começará a conduzir reuniões neste círculo com grande habilidade, humanidade e conhecimento.

Quanto mais perigosa e importante a reunião, mais você deve se preparar dessa maneira.

Assistir a uma reunião provavelmente significa que seu papel tem um status inferior, portanto faça as mesmas perguntas em voz alta com esse tipo de participação em mente. Reforce o que você sabe e por que está ali.

Liderando uma reunião

É dever de um líder conduzir a reunião, extrair informações relevantes, identificar problemas, resolvê-los (ou reconhecer que eles não podem ser resolvidos), não desperdiçar tempo com repetições e ser eficiente.

Escute bem e leve a discussão adiante constantemente, mas esteja aberto a ideias novas e relevantes.

Tudo isso só é possível no segundo círculo.

Inicie a reunião conectado ao segundo círculo e olhe a sua volta para verificar quem está presente com você. Faça contato com aqueles que estão no primeiro ou terceiro círculo, seja através de sua energia ou realmente dizendo algo a eles.

Comece clara e diretamente, e revele o que você precisa dessa reunião. Tenha em mente a estrutura, ou seja, abrir um debate, explorar todas as partes relevantes desse debate e resolver e concluir algumas, se não todas, as questões levantadas.

Escute, no segundo círculo, e busque informações com aqueles que você sabe que têm conhecimento, mas não se surpreenda se outros tiverem boas ideias.

Controle as repetições e aqueles que estão falando sem conhecimento.

É mais fácil fazer uma pessoa do primeiro círculo participar do que impedir uma pessoa do terceiro círculo. Estimule uma pessoa do primeiro círculo fazendo perguntas claras sobre assuntos que ela conhece. As pessoas que pensam no primeiro círculo tendem a expressar apenas fragmentos de conhecimentos, portanto pode ser que você precise sondar conhecimentos relevantes. É provável que tenha que incentivar um processo que avance para conclusões com perguntas como: "Onde você acha que essa ideia nos levará." Seja paciente, mas não a ponto de a pessoa do primeiro círculo poder controlar a reunião com resistência passiva e retenção calculada.

Para uma pessoa do terceiro círculo, pode ser mais difícil focar, e você ficará mais tentado a entrar no terceiro círculo com ela, principalmente se ela estiver perturbando você. Permaneça bem claramente no segundo círculo com ela. A pessoa que pensa no terceiro círculo tende a declarar conclusões sem explicar como chegou a elas. Pode também tentar incutir uma conclusão incessantemente, reforçando-a com histórias pessoais. Peça a ela para explicar o processo de seus pensamentos e para pensar nos pontos de vista de outras pessoas. Pessoas do terceiro círculo educadas podem se esconder atrás de sua educação e é preciso pedir a elas que expressem suas ideias de maneira simples e em termos pragmáticos.

O líder deve incentivar cada pessoa da reunião a falar com as outras no segundo círculo. Seu exemplo ajudará e se tornará, aos poucos, positivamente contagiante. Os sinais mais óbvios de pessoas no segundo círculo são que elas permanecem sentadas eretas, e não enterradas na cadeira, e não ficam mexendo em papéis ou rabiscando.

Se você puder controlar o ambiente, certifique-se de que as cadeiras não sejam confortáveis demais, de que o ar seja bom e a luz seja natural e de que a sala não seja muito quente e tenha o mínimo de distrações. Quanto mais claro o espaço, mais clara é sua energia.

Você é um bom líder quando consegue escutar todos igualmente, mas também fazer a reunião avançar, afastando-se de repetições, assuntos que não podem ser tratados no encontro, ataques pessoais, coisas sem importância e exemplos antigos que não têm qualquer importância para o presente.

Todos os que participam devem se sentir seguros o bastante para manifestar uma opinião, contanto que esta seja relevante para a reunião.

Sem dúvida, use e permita o humor e histórias pessoais, se isso fizer a reunião avançar e não ridicularizar ou ferir alguém presente, pois, se isto acontecer, você perderá a confiança dos outros e a chance de contar com pensamentos criativos.

Assistindo a uma reunião

Os graus de dificuldade para permanecer no segundo círculo ao assistir a uma reunião dependem inteiramente do líder estar presente no segundo círculo.

Um líder do primeiro círculo se sente seguro ou entediado e, se você conseguir permanecer no segundo círculo junto a ele, terá uma oportunidade real de mudar a presença dele. Se ele está sempre no primeiro círculo, está acostumado com pessoas entediadas à sua volta ou tentando derrubá-lo com um blefe do terceiro círculo. Demonstre interesse por ele no segundo círculo e talvez você consiga fazê-lo se abrir.

Não há garantia alguma de que ele notará você se permanecer no primeiro círculo, isolado de você e do mundo. Mas os outros ficarão aliviados por você levar uma energia clara e amistosa para a sala.

Um líder do terceiro círculo estará atuando nessa energia para controlar e derrotar a oposição. A maioria das pessoas à sua volta estará no primeiro círculo, exceto aqueles que quiserem um confronto.

Permanecer no segundo círculo pode confundi-lo, mas você será notado sem a habitual ameaça do terceiro círculo. Poderá até trazê-lo para o segundo círculo quando deixar claros argumentos suficientes. Isso é um sinal de que ele o aprecia e até o vê como um igual.

Se estiver com um líder do segundo círculo, será essencial, e muito mais fácil, permanecer neste círculo com ele. Ele certamente notará se você escorregar para o primeiro ou se defender no terceiro. Não corra o risco de ficar desatento com um líder do segundo círculo, porque você será descoberto.

Você pode mudar positivamente sua carreira permanecendo no segundo círculo com um líder na mesma situação. Ele verá em você um trabalhador presente e atento, como ele próprio era. Pessoas bem-sucedidas são presentes. Quando as perguntas da reunião forem feitas, você saberá como poderá contribuir e por que está ali. Permaneça com clareza na esfera de seus conhecimentos e conseguirá extrair o que precisa da reunião sem ser entediante nem falar algo fora de sua experiência real.

Apoie positivamente qualquer ideia dos outros com a qual concorde. Essa generosidade simples não passará despercebida! É uma reação bastante adulta e, como você provavelmente sabe, muitas práticas de negócios ruins não são adultas, mas sim imaturas. Discorde de argumentos quando você puder comprovar, mas faça isso com generosidade. A melhor maneira de fazer isso é concordando com alguma coisa da ideia. Por exemplo: "Concordo que esse argumento era válido há dois meses, mas agora não acho que seja." Você precisa estar preparado para defender qualquer argumento.

Permaneça focado no motivo pelo qual está ali e tente não torná-lo pessoal.

À medida que a reunião avançar, pode ser que você tenha que mudar de ideia e, portanto, mudar seus objetivos.

O pensamento no segundo círculo não é rígido, portanto pode ser que você se descubra mudando toda a sua visão, e isso pode significar que não precisará expressar certas opiniões nas quais acreditava antes de entrar na reunião. Assim, você permanecerá ativo, entusiasmado, positivo e apaixonado. Essas energias serão percebidas e essas qualidades estão presentes em todas as boas práticas de negócios.

São as qualidades de um grande sucesso e de uma grande humanidade.

Encerrando a reunião

Assim como a clareza de uma reunião presente, todos nós apreciamos um bom final. Todos nos sentimos seguros quando os limites são claros.

Finais hesitantes pertencem ao primeiro círculo e aqueles abruptos demais são do terceiro. Nos dois casos, as pessoas ficam confusas e inseguras. Mesmo uma reunião excelente pode ser comprometida por um final inepto. Se você é um líder, seu papel é muito claro e você tem que assumir responsabilidade pelo final.

- Indique claramente que a reunião está prestes a terminar.

- Faça um resumo.

- Seja justo e honesto. Haverá outra reunião ou você está encerrando sem prever outra reunião?

- Se o tempo programado é curto, seja claro sobre o tempo permitido no início da reunião.

Se você conduziu a reunião no segundo círculo, o final fluirá naturalmente. Se estava com a energia no primeiro ou terceiro círculo durante a reunião, será mais difícil ser claro, porque sua atenção não foi firme.

Um final forte e justo tem os seguintes ingredientes:

- Afirme claramente que a reunião está prestes a terminar e pergunte se há mais alguma coisa a discutir.

- Se houver e for uma questão simples, discuta-a.

- Porém, se você está com o tempo apertado e uma questão complexa for apresentada, é justo dizer "Por que isso não foi levantado mais cedo?" e "Essa questão terá que ser tratada mais tarde, em outra ocasião".

- Diga qualquer coisa negativa com uma voz direta, aberta e clara.

- Termine a reunião com a clareza física, do segundo círculo, que diz "acabou".

- Isso pode significar levantar-se no segundo círculo e afastar-se da mesa para apertar as mãos.

- Pode significar juntar papeis no segundo círculo antes de se levantar para finalizar.

- Se a sala é sua, você pode encaminhar as pessoas à porta ou até mesmo à área de recepção antes de se despedir.

- Se a sala não é sua, caminhe no segundo círculo até a porta, despeça-se e vá.

- Seja claro em sua linguagem ao informar se você fará outros encontros.

- Se não tiver certeza, mostre isso claramente.

A maioria dos mal-entendidos da vida decorre de limites que não são claros, e um final que não é claro pode confundir muito.

Como líder, você lidará com pessoas que tentarão manipulá-lo. É claro que estando no segundo círculo você incentivará a presença delas e conseguirá identificar manipuladores rapidamente.

Na situação de finalização, há duas formas básicas de manipulação.

O indeciso do primeiro círculo hesitará e tentará prolongar o fim para apresentar sua opinião final. Poderá até se fazer de vítima ou usar suas tendências passivo-agressivas para ficar para trás e compartilhar informações que não foram dadas na reunião principal.

- Pode ser que você queira a opinião dele, mas se deixe levar para um final confuso.

- Seja direto, forte e até gentil, mas peça a ele para formalizar sua informação e partir.

Aquele que cultiva o terceiro círculo poderá bloquear seu caminho e se instalar como uma pedra aparentemente irremovível. O ponto de vista dele será então pronunciado forçosamente ou até mesmo em voz alta.

- Não se deixe intimidar ou subir para o terceiro círculo.

- Seja firme, peça a ele para formalizar sua opinião e em seguida, sem hesitação, despeça-se e vá.

Logo, os manipuladores do primeiro e do terceiro círculo perceberão que estar presente com você é a única maneira de avançar.

Ao finalizar uma reunião no segundo círculo, procure se despedir usando os nomes das pessoas. Isso humanizará seu final.

Final em status mais baixo

Isso vai ser mais difícil se o líder não estiver no segundo círculo.

Será muito difícil se manter presente durante a reunião, mas você precisa trabalhar para sustentar sua presença, principalmente quando as pessoas à sua volta não estiverem presentes!

Quando a reunião estiver se aproximando do final, certifique-se de que você disse no segundo círculo o que precisava ser dito antes do fim.

Assim que o líder indicar que a reunião acabou, prepare-se para sair. Mantendo-se no segundo círculo, você perceberá rapidamente se a reunião realmente acabou e se algum outro negócio será feito.

Se definitivamente acabou, levante-se, despeça-se no segundo círculo e, se for apropriado, aperte as mãos.

Ao se despedir, expresse qualquer pensamento positivo sobre a reunião às pessoas envolvidas e, se tiver algum problema ou ideia não manifestados, diga que formalizará essa ideia se isso lhe for solicitado. Parta com uma energia boa e clara do segundo círculo. Isso será uma atitude digna e mostrará seu pleno poder.

3 Negociações

Na boa prática de negócios, quando um acordo é negociado e fechado de maneira justa, as duas partes saem ganhando. Se isso acontece, ambas ficam contentes e vão querer fazer negócio novamente.

Esta é uma descrição de conexão e igualdade no segundo círculo: uma situação de dois vencedores, em que a justiça reina.

Uma negociação em que a justiça não reina e em que as duas partes não saem ganhando significa que um predador empurrou a outra parte para o primeiro círculo ou enganou alguém do terceiro círculo, blefando em cima daquele que blefava. Nos dois casos, o perdedor se sente humilhado.

Nesta situação, o predador é normalmente do terceiro círculo e está massacrando a outra parte, sem reconhecer sua crueldade. Trata-se de uma visão positiva do vencedor dando a ele o benefício da dúvida.

Quando você encontra um predador do terceiro círculo, pode equilibrar o poder e mudar a negociação permanecendo no segundo círculo com ele. Fazendo isso, você realmente o fará largar o poder e conseguirá, então, observar os verdadeiros motivos dele.

O predador pode estar no segundo círculo. Este indivíduo é extremamente poderoso e você provavelmente está diante de um negociador muito habilidoso e bem-sucedido. Geralmente ele espera que você o enfrente no terceiro círculo ou se retire para o primeiro. Permanecendo deliberadamente no segundo círculo, você começa a ficar em pé de igualdade com ele e tem uma visão clara de suas intenções e sua ética. Ficando presente com ele, você pode escolher se quer realmente fazer negócios com um parceiro tão inflexível.

Nenhum negociador de sucesso está no primeiro círculo. Se você encontrar algum, é possível que ele esteja fingindo estar no primeiro círculo, mas está intensamente no segundo, com uma máscara de primeiro círculo. Cuidado com isso e não se deixe enganar, porque ele o atacará se você baixar a guarda.

Esbocei pontos generalizados, mas agora o trabalho tem que ser mais específico.

- Antes de qualquer negociação, busque claramente suas necessidades e questões no segundo círculo. Prepare essas necessidades.

- Identifique o que você quer e qual seria o melhor resultado.

- Identifique qual seria o pior resultado.

- Quais são os fatores que levariam a um acordo e quais são aqueles que romperiam o acordo?

- Identifique o que faria você se sentir comprometido, seja financeira ou moralmente.

- Identifique se você tem mais ou menos poder que a outra parte, ou se é igual.

- Discuta todas essas identificações em voz alta no segundo círculo e, consequentemente, negocie consigo mesmo.

Isso o deixará preparado e pode até levá-lo a uma posição de não querer negociar com uma parte específica. Pode não valer a pena sequer começar.

Você na posição de poder

Estar em posição de poder é bom, mas antes de iniciar as negociações tenha consciência do que você quer e até onde pode ceder.

- Você se importa com a outra parte?
- Você quer trabalhar com ela outras vezes ou esta é uma negociação isolada?

Em posição de poder, você tem apenas duas preocupações:
1. Pode se tornar complacente e escorregar para o primeiro círculo e, portanto, arriscar-se a ser derrubado.
2. Pode se sentir tão superior, que negociará no terceiro círculo e perderá sua humanidade e possivelmente detalhes do acordo, ou o próprio acordo.

- Permaneça no segundo círculo e descubra o máximo que puder sobre a outra parte. Ficando no segundo círculo, você perceberá o momento em que poderá fechar o negócio, mas também poderá optar por ser um negociador benigno no segundo círculo e descobrir informações potencialmente importantes sobre o ponto de vista da outra parte.

- Permaneça presente, escute, e você reunirá informações para poder decidir se realmente quer negociar com essa parte específica.

- Se você usa o poder com uma energia de terceiro círculo ou é casual demais no primeiro, pode fazer contratos inadequados, quando não desastrosos.

- Durante a negociação, permaneça em seu corpo de segundo círculo, respire para a outra parte, escute e fale com ela em sua presença plena.

- Lute contra a tentação de cair no primeiro círculo ou de controlar a parte no terceiro. Essas reações podem ocorrer durante a reunião e só servirão para enfraquecê-lo se você sucumbir a elas.

- Observe a outra parte de perto e veja para que círculo ela se move. É fuga ou luta?

- Procure atraí-la para o segundo círculo, porque assim você poderá ver o que realmente está acontecendo. Dessa maneira, você perceberá o momento de selar o acordo ou de não continuar as negociações.

Na verdade, embora você tenha poder, é mais difícil permanecer presente se você acredita que tem esse poder. Você fica muito mais vulnerável a perder sua plena atenção e ser enganado.

Você na posição menos poderosa

Esta é simples. Se não permanecer no segundo círculo, não conseguirá negociar plenamente e em seu próprio benefício.

Você pode esquecer qualquer negociação bem-sucedida se entrar na sala em um primeiro círculo predisposto a ser derrotado. Você será comido vivo! Uma postura passivo-agressiva de primeiro círculo pode ser percebida como dissimulada e excessivamente submissa.

Porém, a maioria dos negociadores em posição mais fraca opta por entrar no espaço em um terceiro círculo excessivamente energizado, encantador ou entusiasmado. Isso faz muita gente se desligar. Você pode parecer necessitado e irritante. Ou seja: "Não quero fazer negócio com esse ser humano exagerado."

Permaneça no segundo círculo e lembre-se constantemente do que você tem a oferecer, mas não comprometa sua posição. Dessa maneira, assim como Davi derrotou Golias, você poderá observar um ponto fraco e conquistar, mas somente se seu foco for claro e seu objetivo verdadeiro.

Lembre-se: a pessoa no poder tem uma energia contagiante e você precisa estar alerta para permanecer focado. Pode ser que precise respirar com a parte mais baixa do abdômen conscientemente e para a outra parte, ou empurrar a mesa para se concentrar e demorar algum tempo para avaliar e responder perguntas. A pessoa no poder presumirá que você cederá e é fraco. Não seja, mas perceba que não ser fraco pode levá-lo a não fechar o acordo. Se for este o caso, então provavelmente você achará que o acordo era ruim. No segundo círculo, você pelo menos pode viver consigo mesmo.

Os melhores acordos são feitos quando as duas partes estão no segundo círculo e é possível, assim, ter um tempo bastante criativo sendo aventuroso, justo e honesto.

4 Vendas

Todos os grandes vendedores estão no segundo círculo, portanto, se você trabalha com vendas, esse círculo é essencial para você.

Um vendedor do primeiro círculo é uma triste visão, já que ninguém pode sistematicamente vender no primeiro círculo. Pode ser que você faça uma venda por simpatia de vez em quando, mas neste círculo você não tem qualquer poder real para vender.

Muitos vendedores competentes estão no terceiro círculo e podem ter algum sucesso. A maior parte desse sucesso se deve à capacidade deles de encher a paciência do cliente até este se cansar e comprar para se livrar da energia do terceiro círculo invasiva do vendedor.

Esta técnica realmente funciona com clientes ocupados ou ingênuos, mas quase nunca dá muito dinheiro e você raramente é bem-recebido de volta para outra venda.

O vendedor da feira vende um vestido barato com eficiência no terceiro círculo, mas esta técnica raramente funciona na venda de um carro caro ou uma casa. O problema com a venda no terceiro círculo é que ela desumaniza o cliente e funciona com pessoas vulneráveis, e não com aquelas que podem mudar sua carreira. O vendedor do terceiro círculo vende geralmente para compradores do primeiro círculo, cujas mentes eles conseguem mudar, mesmo que o produto não seja desejado.

A venda no segundo círculo é totalmente diferente. Na melhor das hipóteses, o vendedor trata o cliente como igual e só quer vender para aqueles que realmente querem o produto. Na pior das hipóteses, o vendedor pode ser o mais atraente trapaceiro que conquista confiança e usa sua presença para enganar e roubar. Posso assegurar a você que todos os grandes fraudadores estão no segundo círculo.

Um bom vendedor acredita, no segundo círculo, que seu produto é bom e tem as respostas preparadas — como incentivei você a preparar — para todas as possíveis perguntas negativas. Ele estrutura sua venda da maneira clássica, de modo a poder se desviar das objeções do cliente e retornar à sua abordagem. Um bom vendedor já treinou muitas vezes com clientes e conhece seu assunto de trás para frente. Seu salário depende do quanto são boas as habilidades de sua apresentação, portanto ele tem que estar afiado.

Tudo na venda de um grande vendedor parece fácil, e é por isso que ele é bem-treinado. Daí o ditado: "Se alguém lhe diz que é fácil, é porque está querendo lhe vender alguma coisa."

Na outra extremidade, como você lida com as técnicas de venda? O vendedor poderá lhe vender no terceiro ou segundo círculo, mas você, o cliente, precisa ser capaz de frustrá-lo se não quiser o produto ou se achar que este é caro.

Defendendo-se dos grandes vendedores

Um bom vendedor sempre consegue ver o cliente em potencial chegando.

Você é realmente tentador no primeiro círculo, pois pode ser facilmente influenciado e controlado. Sua falta de atenção é um presente para eles. Você estará assinando na linha pontilhada antes de saber o que está fazendo.

O cliente do terceiro círculo também é tentador e um desafio que vale a pena, porque seu orgulho e seu ego podem ser manipulados.

Você encontra um vendedor de duas maneiras: ou está no território dele e, portanto, provavelmente quer comprar o que ele tem para vender; ou ele está em seu território, convidado ou não.

Comprar e vender são atividades que lutam entre si, portanto sobreviver no segundo círculo é essencial.

Ao entrar no território de um vendedor, esteja preparado.

- Por que você está ali?
- Você quer comprar alguma coisa?
- O que você quer especificamente?
- Quanto está disposto a pagar?
- Você pesquisou o que deve pagar?

Se esta lista parece óbvia, é porque é. Mas a maioria dos compradores não fez ou respondeu essas perguntas claramente e, portanto, é uma isca para o vendedor. A falta de preparação torna esses compradores pessoas vacilantes e facilmente manipuláveis para comprar algo que não querem, a um preço que não podem pagar.

Depois de fazer sua preparação, e se permanecer no segundo círculo, você não será ingênuo, provavelmente verá a maioria dos vendedores que encontrar se esvaecendo no primeiro círculo — o blefe deles no terceiro círculo sendo esvaziado por sua clareza — e poderá fazer um acordo apropriado ou ir a outro lugar para fazer um negócio melhor.

Se sua presença o põe nessa posição poderosa, a única pergunta que tem que fazer a si mesmo é: "Será que eu quero comprar aqui novamente?" Se achar que não consegue fechar um negócio com uma pessoa, saia logo.

Quando um vendedor entrou em seu território, seja seu escritório ou sua casa, você pode se sentir excessivamente seguro, e é nisso que a maioria dos vendedores se apoia. Você pode relaxar um pouco demais. Lute contra essa tendência de se sentir em casa, porque isso o levará para o primeiro círculo.

Se não convidou o vendedor, lide com ele clara e rapidamente. A não ser que tenha um forte interesse nos produtos dele, não deixe que entre em seu espaço.

O vendedor terá uma grande vitória se você o convidar para entrar, já que muitas pessoas concordam em comprar um produto ou combinar outra visita — com desperdício de tempo — para tirar o vendedor de casa. Esta é uma tática conhecida.

Se você tem interesse no produto, combine outra visita, porque assim poderá fazer uma pesquisa apropriada. A longo prazo, isso provavelmente consumirá menos o seu tempo e o impedirá de comprar algo por um preço inflado.

É seguro dizer que se você conseguir inserir o vendedor no segundo círculo e tirá-lo do terceiro círculo, você tomará mais rapidamente uma decisão sobre se quer fazer negócio com ele.

Se você convida um vendedor para entrar em seu espaço, precisa fazer uma pesquisa antes de ele chegar. Isso o protegerá e poupará seu tempo. Portanto, procure controlar os procedimentos com uma energia direta do segundo círculo.

Conduza a negociação fazendo as perguntas que precisa fazer e sem se deixar levar pelas dispersões do vendedor. Uma venda pode ser fácil para as duas partes se os fatos forem claros. Se não forem, não compre.

Use o padrão de pensamento estruturado fundamental, busque todas as informações que precisar e avance para uma conclusão, que é: "Comprar ou não comprar."

Se houver um risco na compra, você o descobrirá sondando apropriadamente; se sabe do risco, pode decidir se quer corrê-lo. Se o vendedor não tem respostas, observe se ele está no segundo círculo com você. Uma mudança para o primeiro ou terceiro círculo pode indicar falsidade.

Se você não está confortável e não tem desejo algum de comprar, encerre o encontro de maneira direta e clara.

Vendedores ruins só conseguem ganhar a vida porque a maioria de nós não faz pesquisa e é muito informal na presença deles.

Se um vendedor tem um bom produto, uma proposta justa e é honesto, ele se move facilmente para o segundo círculo e é claro, direto e aberto.

Lembre-se: trapaceiros que tentam ganhar sua confiança são vendedores que nada têm a vender e que se dão bem à custa de pessoas que não estão totalmente presentes para as táticas deles. Muitos trapaceiros lendários estão no segundo círculo, mas não conseguem operar se você também está no segundo círculo com eles e tem um conhecimento sobre o que quer realisticamente para o seu dinheiro.

A palavra realista é importante, porque o trapaceiro prospera à custa de nossa cobiça irrealista!

5 Entrevistas

Não acredito que você possa ter uma carreira com alguma substância sem conduzir ou se submeter a uma entrevista. É claro que não vou defender que você esteja presente nos dois lados. Surpreendentemente, isso não acontece muito. A pessoa que conduz a entrevista pode parecer entediada ou convencida, e o entrevistado pode estar nervoso e inapto demais para estar presente.

Se você está do lado da mesa que tem o poder e está entrevistando um candidato, o que quer alcançar e descobrir? A resposta correta e apropriada é esta:

"Quero descobrir as melhores qualidades do candidato e se quero trabalhar com ele."

Se a afirmação acima é verdadeira, para descobrir as verdadeiras qualidades do candidato você precisa questioná-lo e trabalhar com ele no segundo círculo, e não cair em hábitos comumente encontrados e que incluem retirar-se deliberadamente para o primeiro círculo para ver como ele lida com isso ou confrontá-lo no terceiro círculo para ver o quanto ele é resistente.

Essas táticas podem revelar alguns candidatos fortes e sensatos, mas normalmente confundem uma pessoa sensível e você corre o risco de deixar de enxergar um funcionário inteligente e instintivo. Entrevistar no terceiro círculo pode levá-lo a contratar um impressionante intimidador no mesmo círculo.

Do outro lado da mesa, quando você está sendo entrevistado, será que realmente quer trabalhar com um empregador derrotado do primeiro círculo, ou com uma pessoa enganadora, excessivamente entusiasmada ou agressiva? Provavelmente não. Você quer estar na companhia de alguém que faz bem seu trabalho, que é dinâmico e sensível às ideias e sentimentos dos outros. Em outras palavras, um colega de trabalho do segundo círculo.

Você não perceberá quem é seu empregador se não estiver totalmente presente na entrevista. Sem essa presença, você não consegue fazer uma escolha inteligente sobre se quer trabalhar com ele.

Táticas de entrevista no segundo círculo

Entrevistador

Sempre leia o currículo com plena presença. Não o leia correndo, mas sim com toda a sua atenção; assim, você notará anomalias e também compreenderá os pontos fortes e fracos do candidato. Faça uma lista de todas as suas reações positivas e negativas ao currículo. Quando você trabalhar nesse processo o bastante, será capaz de fazer isso bem e rapidamente.

Receba o candidato à porta, aperte a mão dele no segundo círculo e veja como ele reage. Ele está no primeiro ou terceiro ou consegue se encontrar com você no segundo círculo?

Enquanto o observa, veja o quanto ele está amedrontado e se consegue permanecer conectado a você através do medo. Esse medo pode ser positivo, porque significa que ele se importa com seu desempenho na entrevista e realmente quer impressioná-lo. Mas o medo não deve dominá-lo e torná-lo passivo.

- Ele consegue fazer um contato visual honesto com você, sem se retirar ou se controlar e se enrijecer demais?

- Quando fala, ele resmunga ou fala alto demais, ou consegue falar com você?

- Ao se sentar, ele se retira ou se acomoda de maneira excessivamente confiante? Ele é pequeno demais ou ocupa demais seu espaço?

- Ele escuta e responde às suas perguntas de maneira apropriada ou não sai de seu próprio caminho independente da pergunta, ou o interrompe e tenta controlar toda a sua interrogação?

Tenha bastante certeza do que você quer com a entrevista — não só do que você precisa descobrir, mas do que precisa comunicar.

Esteja continuamente presente com o candidato e tente levá-lo para o segundo círculo. Se ele se recusar a sair do primeiro ou terceiro círculo, faça perguntas detalhadas de entrevistados do terceiro círculo ou pergunte sobre interesses pessoais de um entrevistado do primeiro círculo.

O problema é que, por melhor que os candidatos pareçam, se eles não conseguem responder no segundo círculo, então você não os conheceu verdadeiramente e eles não o ouviram de fato. Dessa forma, não é possível ter uma visão clara do potencial e das crenças deles.

Lembre-se, no entanto, disto: se você permaneceu bastante presente com o candidato, então ele é uma pessoa muito fechada e que se recusa a sair do primeiro ou terceiro círculo.

Entrevistado

Antes de ser entrevistado, faça uma pergunta simples: "Eu quero esse emprego?" Obviamente, a resposta deve ser sim, a não ser que você se submeta à entrevista apenas para praticar, o que muita gente faz. Porém, em ambos os casos, a preparação é fundamental.

- Pesquise sobre a empresa ou instituição. Saiba quem trabalha ou trabalhou ali. Quem estará no grupo que o entrevistará e por que você pode ser útil para a organização?

- Entre na sala, cumprimente com um aperto de mãos e sente-se no segundo círculo.

- Continue respirando e leve para a sala seu desejo de ser bem-sucedido na entrevista. Muita gente não segue essa diretriz simples. Por que alguém haveria de querer trabalhar com você se você parece casual ou arrogante?

- Prepare em voz alta tudo o que quer expressar sobre si mesmo e descobrir sobre o cargo.

- Prepare-se para todas as piores perguntas que poderão lhe fazer e para as piores opiniões que poderão lhe pedir para dar. Por exemplo, há pontos fracos em seu currículo? Prepare os pontos fortes e fracos que você sabe que tem.

Se sua preparação estiver completa, você conseguirá se desviar do caminho que preparou, falar de improviso e comentar qualquer ideia que o grupo de entrevistadores poderá apresentar.

Permanecer no segundo círculo quando estiver sendo entrevistado é a declaração mais poderosa que você pode dar sobre a força de sua personalidade e seu propósito. Isso lhe dará bastante informação sobre eles. Se não mudarem para o segundo círculo, provavelmente serão colegas insatisfatórios. O único problema de permanecer presente quando as pessoas do outro lado da mesa não estão pode ser o fato de elas não quererem realmente seu poder e sua autenticidade. Isso pode parecer ruim, mas pelo menos você saberá disso se decidir aceitar o emprego.

6 Boas e más notícias

Transmitindo notícias ruins

É is uma verdade simples: quanto mais clareza e estrutura você puder criar ao transmitir uma notícia ruim, mais fácil será para a pessoa que a receber.

Os atos estruturados são armações que sustentam a notícia de uma forma mais suportável. A clareza da estrutura também assegura que a informação seja ouvida claramente. As pessoas não ouvirão uma notícia ruim se faltar clareza na apresentação.

Dar uma notícia ruim não é uma tarefa invejável, mas se você tiver algum poder em uma organização, terá que dar notícias desagradáveis em algum momento.

Em certas profissões — nas áreas educacional, legal ou médica — dar más notícias é uma necessidade profissional e é algo que deve ser feito com humanidade e no segundo círculo.

O medo de dar uma notícia ruim frequentemente faz com que o mensageiro se comunique de maneira casual demais e confusa, tornando o fato muito mais doloroso para quem o recebe.

Vamos virar a mesa. Quando você recebe uma notícia ruim, há certos fatores que o fazem se sentir conhecido e estimado.

Você quer que sua dignidade seja respeitada e quer ser informado por alguém que esteja presente para você e sua dor. Quer alguém que receba sua dor, e até mesmo sua raiva, sem se esquivar. Quer receber uma informação clara e precisa de um mensageiro que não dê voltas ou se enrole ao falar. Quer ser tratado como um ser humano que tem sentimentos. Quer saber os fatos e motivos e ter permissão para fazer perguntas.

Em suma, você quer que o mensageiro esteja no segundo círculo, receba você e sua dor e seja o mais claro possível, respeitando suas reações humanas.

Conseguir atuar como um mensageiro de más notícias da maneira descrita acima torna você uma pessoa boa, responsável e compassiva.

Talvez seja demais pedir para ser um indivíduo tão bom, mas você pode tentar seguir alguns princípios desse tipo de mensageiro e não ser o mensageiro casual e enrolado do primeiro círculo nem o mensageiro insensível e duro do terceiro círculo.

Eis algumas coisas que um bom mensageiro deve e não deve fazer.

- Tenha todos os fatos para relatar, de modo a poder responder a qualquer pergunta que possam lhe fazer.

- Prepare a declaração mais clara e mais direta e ao mesmo tempo compassiva.

- Não recheie essa declaração com uma linguagem sentimental ou hesitante.

- Não pense em si mesmo; ponha sua preocupação naquele que recebe a notícia.

- Certifique-se de que aquele que recebe a notícia esteja no segundo círculo com você, para que ele tenha a melhor chance de ouvir e compreender a notícia. Isso minimizará a confusão dele e sua necessidade de repetir a mensagem.

- Não fale enrolado e não force a voz. Respire e fale para a pessoa.

- Não fale correndo — faça pausas para que a pessoa possa digerir a notícia e apreciar o fato de você não falar correndo. Dê tempo a ela.
- Reserve um tempo decente para dar a notícia.
- Transmita os fatos, mas inicialmente não sobrecarregue a pessoa. Dê a ela tempo para fazer perguntas.
- Procure dar a notícia em um lugar privado e seguro, e não em um lugar onde você possa ser incomodado de maneira inadequada.
- Esteja preparado para receber a dor e a ira da pessoa no segundo círculo e reconhecer o sentimento dela — isso a confortará.
- Não a conforte de maneira inadequada nem lhe dê falsas esperanças. Seja honesto.
- Se a notícia é parcialmente ou totalmente de responsabilidade dela — por exemplo, relacionada à ociosidade dela no trabalho — explique isso a ela e ajude-a a lidar com o problema no futuro.
- Se a notícia não é de responsabilidade da pessoa, dê a ela informações sobre onde ela pode receber ajuda no futuro.

Termine o encontro de maneira clara e procure se certificar de que ela está deixando o espaço com alguma segurança e orientação.

Cuide da pessoa e cuide de si mesmo, liberando-se da experiência antes de seguir para a próxima tarefa do dia. Você tem de perceber que o sofrimento dela provavelmente entrou em seu corpo e você precisa retirá-lo antes que ele se fixe e você o carregue pelo resto do dia.

Transmitindo boas notícias

Esta deve ser uma apresentação alegre e bem recebida, mas ainda assim você precisa ser cuidadoso e formalizar a ocasião, porque poderá ficar tão entusiasmado, que transmitirá uma mensagem positiva demais e levará a expectativas não fundamentadas.

Crie um espaço claro para transmitir a mensagem e certifique-se de que você está presente, e não em um terceiro círculo eufórico. Certifique-se de que seu público está no segundo círculo antes de dar a notícia. Seja direto e claro em relação aos limites exatos da boa sorte das pessoas.

Elas provavelmente irão para o primeiro ou terceiro círculo ao receberem a notícia, mas permaneça firme em sua presença para assegurar que elas a compreendam com precisão. Se a tendência das pessoas é ficar no terceiro círculo, elas poderão exagerar a importância da notícia e esperar mais do que você está dando. A tendência no primeiro círculo é provavelmente diminuir a importância da notícia, e você terá que reforçar o poder positivo desta.

Conclusão

Um livro precisa de uma conclusão. Mas o trabalho sobre suas habilidades de apresentação que exploramos neste livro não tem fim, apenas repetidos começos. Seu trabalho nunca acaba: você só é tão bom quanto sua mais recente comunicação.

Para manter sua atenção focada nessa noção de trabalho contínuo, eis alguns lembretes, destinados a manter você em contato com seu poder e sua capacidade de liderar no segundo círculo.

Lembre-se de que a voz e a presença não são talentos especiais com os quais apenas algumas pessoas nascem, e não são qualidades que não podem ser desenvolvidas.

Depois de muitos anos lecionando, estou convencida de que todo ser humano nasce com presença e voz extraordinárias. Porém, muitos de nós temos essas qualidades destruídas ou sufocadas ao crescermos. A energia clara de nossa presença e nossas vozes é, de algum modo, erodida e, com essa erosão, há uma perda de poder pessoal. Tenho visto milhares de pessoas redescobrindo sua presença e suas vozes e partindo então para desenvolver e fortalecer sua capacidade de comunicar com pleno poder. Permaneça alerta às pressões dos tempos em que vivemos e proteja-se da perda de suas habilidades naturais praticando sua presença no segundo círculo.

Lembre-se de que não há consertos rápidos e que você não pode ter sucesso sem um trabalho duro e dedicado.

Estamos sendo levados a crer em algo que todo educador sabe que não é verdade: que há atalhos para o sucesso. É verdade que você pode ter sorte e conquistar o sucesso e até a celebridade sem muito esforço, mas essa conquista não pode ser mantida sem processos de trabalho constantes. Se for a curto prazo, seu sucesso terá vida curta. A prática e o trabalho duro trarão resultados duradouros.

Lembre-se de que estamos vivendo em uma época de escassez de comunicações boas e humanas.

Assim como acontece com os consertos rápidos, o trabalho de voz e presença tem sido ensinado recentemente de maneira cosmética e superficial. Podemos atribuir essa atitude ao nosso caso antigo, agora conhecido como "*spin*". Basicamente, *spin* é uma forma de comunicação que soa plausível, mas não tem conteúdo algum. No *spin* não há desejo de diálogo, mas sim um desejo de silenciar o ouvinte com um talento raso. Todos nos deparamos com esse tipo de comunicação nas centrais de atendimento telefônico — o estilo amável ou alegre que nos desarma, mas nunca serve às nossas necessidades nem parece se importar. O *spin* faz com que nos sintamos controlados, sem poder e sem sermos reconhecidos como seres humanos. Resista ao poder do *spin* em suas comunicações: importe-se com seu público e este apreciará sua mensagem.

E meu lembrete final se destina a manter você atento. Um dos maiores praticantes de artes marciais do mundo me disse certa vez: "Nunca confie em ninguém que lhe diga como sobreviver ou lhe dê um formato para os movimentos de luta. Tudo o que você pode fazer ao ser ameaçada, Patsy, é permanecer envolvida e presente."

A mesma ideia se aplica à apresentação poderosa. Você precisa permanecer no segundo círculo enquanto prepara e pratica. Assim, você perceberá, diariamente, onde seu foco de trabalho deve estar, em seu corpo, sua respiração ou sua voz. Quando você está no segundo círculo, consegue moldar seu conteúdo enquanto se apresenta. Todas as comunicações importantes têm forma e são, portanto, formais, mas estando no segundo círculo essa formalidade ganha humanidade e autenticidade. Apresente-se com pleno poder e humanidade, e assegure continuidade ao trabalho.

Prepare, pratique e permaneça presente.

Lista de pontos

- Você está presente em seu corpo?
- Quando você entra em uma sala, é notado?
- Você se sente dentro de seu corpo e conectado a ele?

Se suas respostas foram "sim", então você está em boa ordem física; se foram "não", então você precisa checar as seguintes áreas físicas.

Seus pés estão seguros no chão, com o peso ligeiramente para frente, sobre a planta dos pés?
Seus joelhos estão estendidos, ou mesmo empurrados para trás?

- Relaxe os joelhos. Lembre-se que qualquer área presa perturbará seu corpo inteiro, seu sistema respiratório e sua voz.

Sua região pélvica está equilibrada sobre suas pernas e alinhada para sustentar sua coluna? Se não estiver, então ela está empurrada para frente ou para trás.

- Volte a centralizar essa área crucial caindo pesadamente sobre a cintura e levantando com o corpo todo, sem distorção na pelve. Se esta área fica presa, você não tem chance alguma de respirar ou sustentar seu poder.

Agora, cheque sua coluna — a posição da coluna é muito importante para toda sua imagem. Se a coluna está torta, você está enviando fortes sinais ao mundo sobre sua presença, bem como informando sua falta de presença na respiração e na voz! Sua coluna está caída ou no lugar?

- Regule a posição e o alinhamento da coluna.

A parte superior de seu peito está erguida ou afundada?

- Ponha a mão sobre o esterno e posicione-o sem essas tensões.

Os ombros estão erguidos, puxados para trás ou curvados para frente?

- Relaxe os ombros até sentir que eles estão pendendo livremente, sem que você os controle.

Sua cabeça está no alto de sua coluna ou empurrada para trás, enfiada ou empurrada para frente?

- Equilibre sua cabeça no alto da coluna sem sentir qualquer pressão na parte de trás do pescoço, ou uma sensação de que está sendo triturado, ou com a garganta fechada.

Sua mandíbula está presa?

- Destranque-a, de modo que seus lábios fiquem juntos, mas sem apertar os dentes ou bloquear o fundo da garganta.

Como você caminha? Você arrasta os pés, olhando para baixo e se movendo sem empenho? Você empina, fazendo barulho demais com os pés e empurrando o corpo pelo espaço com esforço?

- Caminhe com empenho, mas tranquilamente. E quando parar, mantenha a energia com você.

Como você se senta? Desabando e afundando? Preso e contido?

- Sente-se com a coluna ereta, mas não trancada.

Aquecimento rápido para o corpo

- Deite-se de frente, com as panturrilhas apoiadas em uma cadeira e a cabeça apoiada em uma almofada pequena. Sinta a coluna apoiada no chão.
- Sua mandíbula está relaxada, os ombros abertos e os braços apoiados lateralmente.
- Tente não levantar o esterno ao respirar.
- Sinta as coxas relaxadas, abrindo a região pélvica e os músculos do abdômen.
- Mantenha essa posição por pelo menos dez minutos.
- Vire-se de lado, descanse, vire-se apoiando-se sobre as mãos e os joelhos e levante-se lentamente, com os pés no chão e desenrolando a coluna, sendo a cabeça a última parte a levantar.
- Deixe os ombros caírem em seu lugar. Você deve senti-los pesados e abertos.
- Mantenha a coluna ereta, no lugar, lembrando-se de como a sentia no chão. Ela não deve estar rígida, nem arqueada nem caída.
- Repita o mesmo processo na região pélvica.
- Certifique-se de que os joelhos não estão estendidos.
- Deixe seu peso cair sobre o corpo até o tronco pender livremente a partir da cintura.
- Deixe a cabeça cair sobre o peito e sinta o seu peso.
- Balance os ombros e relaxe a parte de trás do pescoço e a mandíbula.
- Desenrole o corpo lentamente e verifique se seu alinhamento está diferente, se seus ombros estão soltos e a espinha reta.
- Olhe à sua volta e focalize sua energia em um ponto exterior a você, como um quadro ou uma árvore através da janela.
- Em seguida, caminhe com energia. Imagine que você tem um lugar para ir e está se movendo diretamente para ele, mas sem força. Sinta uma nova energia se concentrar em você e uma mudança de marcha em seu estado físico.
- Quando sentir essa mudança, pare de andar, mas deixe seu corpo se mover para frente — permaneça sobre a planta dos pés e não se mova

de volta nem se posicione estendendo os joelhos, puxando a coluna para baixo ou prendendo-a para cima ou interferindo na posição de seus ombros.
- Agora, aproxime-se de uma parede e ponha as duas mãos sobre ela como se fosse empurrá-la com suavidade, mas firmemente. Seus pés devem estar no chão, com o peso sobre a planta deles, os joelhos destrancados, a espinha ereta, forte, mas não rígida, os ombros soltos, de modo a sentir a energia, e a respiração para baixo, na região pélvica.
- Respire nessa posição. Permaneça conectado à parede, não sinta que está puxando a energia dela para você ou que está forçando a parte superior do corpo contra ela, apenas empurre com uma energia forte e eficaz.
- Quando sentir essa energia, afaste-se da parede, deixando que o contato com a parede posicione você na sala com sua plena presença física.

Respiração

Você respira em um ritmo fluido e regular, para dentro e para fora?

- Tente sentir de verdade que está recebendo oxigênio e soltando-o — essa força de vida essencial.

A parte superior de seu peito se ergue quando você respira?

- Mantenha-a parada.

Seus ombros interferem na respiração, erguendo-se, movendo-se para trás ou se prendendo?

- Solte os ombros ao respirar.

Você consegue sentir as costelas se abrindo?

- Abra as laterais e a parte posterior das costelas.

Você sente a região abdominal inferior presa?

- Respire jogando o ar tão para baixo quanto possível.

Você se apressa ao inspirar, puxa o ar ou controla demais a respiração?

- Concentre seus pensamentos em sentir a boa prontidão de sua respiração.

Mesmo quando você sente a prontidão de sua respiração, você quer ir antes de estar pronto, prender antes de inspirar ou expirar?

- Fale somente na prontidão da respiração.

Você vai além de sua respiração natural sustentada?

- Inspire quando precisar.

Você inspira antes de precisar?

- Vá além dessa necessidade.
- Respire enquanto pensa, ouve e fala.
- Mantenha o movimento da respiração fluido e receba seu poder enquanto respira.

Você respira além de uma sala ou respira aquém de uma sala?

- Respire a sala.

Você respira além da pessoa à qual está se dirigindo ou mal chega a ela?

- Respire para ela.

Aquecimento rápido para a respiração

- Deite-se de frente, com os músculos das panturrilhas apoiados em uma cadeira e a cabeça apoiada em uma almofada pequena.

- Ponha uma das mãos sobre a parte superior do peito e a outra sobre a barriga.
- Mantenha ombros, pescoço, mandíbula e coxas relaxados.
- Durante vários minutos, não faça nada além de inspirar e expirar, reduzindo o ritmo ao estado mais simples e mais lento; respirando em silêncio.
- Depois de vários minutos, repouse as mãos lateralmente.
- Mantenha a respiração lenta e silenciosa, checando o estado dela. Se encontrar alguma tensão, lembre-se de que essa tensão pode ir embora!
- Começando pela mandíbula, faça uma viagem mental pelo corpo. Visite os ombros e a parte superior do peito. Lembre-se de abrir as escápulas e de usar o chão como apoio.
- Sinta que a coluna, as nádegas e a região pélvica estão apoiadas no chão e que os músculos da barriga estão relaxados.
- Algumas partes do corpo não se abrirão — pare de respirar ao localizar essas áreas. Porém, tente manter a respiração fluida para dentro e para fora.
- Agora, ponha as mãos em torno do centro do corpo e encontre as costelas. Sinta as laterais delas, sinta qualquer movimento respiratório e, em seguida, deslize as mãos para trás para sentir o movimento da parte de trás. Na inspiração, elas se abrem em torno do centro de seu torso, sem que os ombros ou a parte superior do peito se ergam. Depois das costelas se moverem para fora e para cima, os músculos da região abdominal e da pelve relaxam e se movem para fora. Na expiração, todos esses músculos se movem para dentro e criam uma coluna de ar que sustentará seu poder e seu som e, consequentemente, enviará essa energia para o mundo.
- Agora intercale as respirações pelo nariz e pela boca. A respiração nasal é mais calma, mas você também precisará da boca.
- Enquanto estiver deitado, respirando, comece a identificar o momento de prontidão. Passe algum tempo investigando esse momento e, ao sentir a prontidão, inspire, sinta a suspensão e a prontidão da respiração e então expire usando as costelas e os músculos abdominais para sustentar um som de "s".

- Depois de algumas expirações, você deverá sentir a respiração em contato com o som de "s". Esse contato ou conexão da respiração é chamado de apoio.
- Passe algum tempo aproveitando a facilidade e simplicidade dessa expiração.
- Assim que sentir o apoio na inspiração, concentre-se na expiração.
- Enquanto a expiração sustenta o "s", há um momento em que você deve voltar a inspirar.
- Passe alguns minutos respirando com essa clareza, respondendo às necessidades do corpo.
- Você pode prolongar e sentir essa expiração de maneira mais sensual se mudar o som para "z" e puxar suavemente os joelhos para você, com as mãos. Depois de várias expirações nessa posição, você deve sentir claramente a conexão e o apoio da respiração. Ponha novamente as pernas sobre a cadeira e volte à respiração silenciosa e calma.
- Retire as pernas da cadeira e vire-se de lado.
- Permaneça deitado e aproveite o relaxamento na região dos ombros e na do pescoço e sinta o peso de seus braços.
- Sinta a respiração em torno do corpo.
- Vire-se apoiando-se sobre as mãos e os joelhos e deixe as nádegas se apoiarem sobre os músculos da panturrilha, a testa descansando sobre o chão e os braços repousando no chão à frente de sua cabeça.
- Relaxe os ombros e o pescoço.
- Enquanto respira nessa posição (chamada no Yoga de posição da criança), suas costas se abrirão naturalmente e você sentirá os músculos abdominais se engajarem ativamente, embora restritos por suas coxas.
- Nesta posição, você pode sentir claramente a prontidão da respiração.
- Depois de respirar algumas vezes assim, sente-se lentamente sobre os pés, mantenha a coluna ereta e deixe os ombros relaxados. Agora você sentirá a respiração profundamente em sua base de poder, na região abdominal inferior. Ponha a mão ali e expire em um "z" a partir desse apoio baixo.
- Comece a fazer contato com seu poder de respiração plena.
- Agora, mantenha o apoio dos pés e levante-se cuidadosamente. Ao se levantar, cheque a posição de seus pés sobre o chão, com o peso para frente e os pés separados na largura da cintura.

- Olhe ao redor e focalize um objeto na sala para voltar ao segundo círculo.
- Concentre-se em sua respiração — espera-se que ela esteja mais calma e mais profunda.
- Aproxime-se de uma parede e empurre-a suavemente. Enquanto a empurra, perceba se a respiração está centrada na região abdominal inferior e conectada em seu corpo.
- Enquanto empurra, expire em "z" e veja se consegue identificar o poder da respiração.
- Você também pode sentir essa conexão segurando uma cadeira acima da cabeça, inspirando e em seguida expirando no "z".
- Depois de se afastar da parede ou de pôr a cadeira no chão, mantenha essa conexão com sua respiração — não volte aos antigos hábitos.
- Repita até ficar conectado. Depois de conectado, você conseguirá ligar e desligar essa conexão à vontade.
- Agora tente caminhar com propósito, mantendo a respiração livre, e, quando parar, evite retroceder em seu corpo ou esvaziar ou prender a respiração. Isso pode ser praticado em qualquer lugar. Você pode caminhar na rua, parar e checar se seu corpo e sua respiração estão conectados e presentes em você.

Voz

Sua voz é livre? Ou você a sente em sua garganta? Você a força ou a subutiliza?

- Abra sua voz e mantenha-a plena, e não forçada ou empurrada.
- Sinta a liberdade ao entoar para falar.

Você empurra sua voz para baixo? Você a empurra para trás em sua boca e garganta?

- Coloque sua voz para a frente
- Faça um "ooh" aberto e envie sua voz para fora.

Sua voz retrocede ou você a força para fora?

- Procure alcançar um alvo. Não force além dele nem deixe de chegar até ele.

Você sente que sua voz é chata ou presa?

- Mova sua voz livremente por seu alcance com tranquilidade e prazer.

Você sente que sua foz é fraca ou presa a uma característica?

- Aqueça todas as ressonâncias e use-as ao falar.

Aquecimento rápido para a voz

- Sente-se em uma cadeira com a coluna ereta, ombros relaxados, parte superior do peito aberta e pés no chão com uma concentração de energia na frente, sobre a planta dos pés.
- Respire calmamente com a região inferior do abdômen, identificando os momentos em que a respiração está suspensa e pronta.
- Imagine que você está prestes a falar e perceba as reações que são desencadeadas na garganta, na mandíbula, no rosto ou na língua. Muitas vezes, a expectativa de falar é suficiente para revelar tensões cruciais. Procure identificar até mesmo os menores bloqueios ou tiques de tensão.
- Agora imagine que você tem que falar com a pessoa que mais teme. Isso deixará suas tensões claramente expostas.
- Agora imagine que o melhor ouvinte que você já teve na vida está presente na sala e examine se alguma tensão desaparece aos poucos. Ao descobrir uma tranquilidade, permaneça com ela e — lembrando-se da respiração — faça a próxima série de exercícios.
- Massageie suavemente seu rosto. Preste atenção particularmente à mandíbula e à área entre os olhos. Depois da massagem, cheque se você sente seu rosto diferente.
- Massageie suavemente a parte de trás do pescoço e, em seguida, com extrema suavidade, todo o pescoço. Sinta a laringe e massageie em

torno dela com bastante cuidado. Massageie sob o queixo e comece a relaxar a parte de trás da língua através da parte de baixo do queixo.

- Olhe-se no espelho e veja se você parece diferente.
- Agora recoloque qualquer tensão em seu rosto, em sua mandíbula ou em sua língua que você saiba que faz parte de alguma de suas energias bloqueadas.
- Usando um espelho e checando constantemente, passe para a próxima série de exercícios.
- Contraia todos os músculos faciais e depois relaxe-os sem recolocar os hábitos. Se sentir necessidade de recolocar qualquer tensão, você voltou para os velhos hábitos. Mesmo que não consiga sentir essas tensões, você verá seu hábito em ação no espelho. Faça isso pelo menos três vezes.
- Puxe seus lábios para frente e, em seguida, para trás, em uma careta. Repita isso três vezes.
- Abra a boca o máximo possível e, em seguida, relaxe. Repita isso três vezes.
- Estique sua língua, pondo-a para fora da boca e tentando mantê-la paralela ao chão. Repita isso três vezes.
- Sobre e com a respiração, comece a emitir um zumbido suavemente.
- Continue respirando e, se a voz contrair enquanto você estiver zumbindo, cheque todas as áreas de tensão até conseguir manter um zumbido suave, sem tensão e contínuo. Fique zumbindo até sentir que a voz sai macia e pode ser mantida.
- Quando sentir a voz aquecida, levante-se e caminhe com energia até se sentir realmente em seu corpo do segundo círculo.
- Pegue um texto e posicione-se ao lado de uma parede.
- Ponha a mão contra a parede e empurre-a suavemente até sentir sua respiração se engajar.
- Leia em voz alta, mantendo a pressão contra a parede, monitorando o tempo todo suas tensões e, se necessário, parando para relaxá-las.
- Depois de ler em voz alta durante noventa segundos, afaste-se da parede e leia o mesmo trecho de novo. Sua voz deverá estar mais livre.

Fala

Você sente que as palavras não estão totalmente em sua boca, mas sim retrocedendo?

- Procure terminar cada palavra com firmeza.

Você está articulando excessivamente e se estendendo nas palavras de maneira inapropriada?

- Fale claramente, mas mova as palavras para frente, com necessidade de comunicar.

Você fala de maneira desleixada?

- Articule completamente as palavras e dê peso a elas.

Suas vogais são reduzidas?

- Use-as para mover você e sua voz para frente.

Você está conectado com as palavras?

- Experimente o que você diz ao falar.

Andamento

Você fala rápido demais?

- Certifique-se de que você fala cada palavra com cuidado e inteira e imagine o significado das palavras ao pronunciá-las.

Você fala devagar demais?

- Saiba que você precisa ter uma necessidade urgente de falar para manter uma história envolvente. E se você se conectar fisicamente com cada palavra, não estará falando rápido demais.

Ritmo

Seu ritmo é pessimista — ele cai?

- Trabalhe com a energia que retorna da batida cardíaca — o iâmbico — para se lançar ao otimismo.

Seu ritmo é controlado demais e bloqueia sua vida emocional?

- Não faça pausas ao falar, permita que o poder de suas palavras o mova junto de seu ritmo para frente.

Escutar

Você se desconecta quando está escutando?

- Trabalhe para permanecer presente.

Você quer interromper quando está escutando?

- Permaneça presente e não presuma que você sabe o que vai ser dito.

Dicas para escutar

- Pratique regularmente a tentativa de experimentar o silêncio.
- Em silêncio, deite-se no chão ou sente-se ereto e perceba os sons à sua volta.
- Quando se acostumar ao silêncio, ponha uma de suas músicas favoritas para tocar em um volume baixo. Seus ouvidos vão se esticar para o som, elevando sua audição.
- Note como você escuta pessoas que lhe interessam. Aprecie realmente o que elas estão dizendo.
- Cheque se sua audição não se afasta para o primeiro ou terceiro círculo.

- Pratique ouvir atentamente aqueles que o incomodam, que não o respeitam ou que se sentem superiores a você.
- Essa será um luta difícil, mas você aprenderá muito sobre si mesmo e sobre as pessoas à sua volta.

Estrutura

Você se perde ao falar?

- Planeje sua viagem intelectual do começo ao fim.

Você conhece sua viagem tão claramente que não se preocupa em levar ninguém nela?

- Leve pessoas com você. Conte-lhes uma história e, pouco a pouco, revele sua mensagem.

Dicas sobre estrutura

Ao escrever um discurso ou planejar uma apresentação, você deve começar fazendo uma armação para suas ideias.

- Por onde começar? Como abrir o debate?
- Quais são os pontos que devem ser citados e explorados?
- Para onde está indo?
- Qual é sua resolução?

Faça este exercício.

- Descreva uma viagem real conhecida e complexa. Pode ser sua viagem para o trabalho todos os dias ou aquela que você faz para visitar um parente ou amigo.
- Fale em voz alta.

- Descreva-a completamente, como se a pessoa que está ouvindo as direções precisasse fazer essa viagem agora e com urgência.
- Agora descreva a mesma viagem de maneira relaxada, tornando-a tão divertida quanto possível. Você ainda está estruturando sua viagem, mas tornando-a mais pessoal e interessante.
- Imagine que você está defendendo um amigo acusado injustamente de um pequeno delito. Você não estava com ele na hora do crime, mas sabe cinco motivos concretos para crer que ele não poderia ter cometido o crime.
- Nesta etapa, não seja pessoal ou emocional. Explique os fatos claramente e conclua com um motivo pelo qual ele não é culpado.
- Agora recheie essa defesa com detalhes pessoais ou apaixonados ao defender seu amigo.
- Passe para um problema que você enfrenta em seu local de trabalho — um problema que você sabe como resolver, mesmo que ninguém tenha lhe pedido para resolver.
- Comece falando sobre o problema e, em seguida, relacione todos os fatores do problema, descrevendo as soluções e concluindo com a ação que deve ser tomada imediatamente.
- Imagine, nessa preparação, todas as objeções que seus colegas farão e certifique-se de que tem informações para defender seu ponto de vista.

Essas checagens são simples, mas vitais para seu processo de trabalho. Ao identificar seus pontos fortes e fracos, você conseguirá afiar e aprimorar suas habilidades. A maioria dos grandes oradores profissionais sabe que tem que trabalhar todo dia em sua arte e aprimorá-la constantemente com trabalho consciente e avaliações. Você tem as habilidades práticas para iniciar uma preparação real para todos os desafios de comunicação que inevitavelmente enfrentará.

Seja um leitor preferencial Record.
Cadastre-se e receba informações sobre nossos
lançamentos e nossas promoções.

Atendimento e venda direta ao leitor:
mdireto@record.com.br ou (21) 2585-2002

Este livro foi composto na tipologia Minion Pro,
em corpo 12/15,55, impresso em papel off-white
no Sistema Cameron da Divisão Gráfica
da Distribuidora Record.